电子商务推荐相关技术分析及其改进机制

薛福亮　著

中国财富出版社

图书在版编目（CIP）数据

电子商务推荐相关技术分析及其改进机制／薛福亮著．—北京：中国财富出版社，2014.6

ISBN 978－7－5047－5224－6

Ⅰ．①电…　Ⅱ．①薛…　Ⅲ．①电子商务—研究　Ⅳ．①F713.36

中国版本图书馆 CIP 数据核字（2014）第 113214 号

策划编辑　寇俊玲　　**责任印制**　何崇杭

责任编辑　张　娟　　**责任校对**　梁　凡

出版发行　中国财富出版社

社　　址　北京市丰台区南四环西路 188 号 5 区 20 楼　　**邮政编码**　100070

电　　话　010－52227568（发行部）　　010－52227588 转 307（总编室）

010－68589540（读者服务部）　　010－52227588 转 305（质检部）

网　　址　http：//www.cfpress.com.cn

经　　销　新华书店

印　　刷　北京京都六环印刷厂

书　　号　ISBN 978－7－5047－5224－6/F·2165

开　　本　710mm×1000mm　1/16　　**版　　次**　2014 年 6 月第 1 版

印　　张　13.25　　**印　　次**　2014 年 6 月第 1 次印刷

字　　数　197 千字　　**定　　价**　48.00 元

序

受本书的作者薛福亮博士之约，为本书作序，待我看到书稿，倒像是回到几年前，因为围绕此书工作的艰辛，我是了然于心的。福亮从事电子商务教学与科研10余年，与我既有师生之缘，更似朋友之谊。作为我的博士研究生，读博期间，正值最辛苦的年月，既要看顾幼女，还须用功读书，兜兜转转，终于摸上门路，自此成果渐丰，于今书稿终成，且颇有规模，可喜可贺！

电子商务推荐技术作为一种电子服务，是网络营销的有效手段，因此有关电子商务推荐系统的研究经年不衰。在大数据时代，电子商务推荐系统当恰逢其时，堪当大任。在营销、商务模式分析方面，其受到越来越多的关注，具体表现在把网站浏览者转变为购买者、提高电子商务网站的交叉销售能力、提高顾客对电子商务网站的忠诚度、优化电子商务网站等许多方面。

本书的贡献在于技术层面的系列研究，对当前主流推荐技术进行分析并提出了改进机制，作者发表了多篇有关的论文。本书分析视角独特，具有创新性，是其近年来科研工作的阶段性总结。书中首先对电子商务系统与相关学科的关系进行了阐述；接着论述了电子商务推荐系统与电子商务的关系及其对电子商务的促进作用；然后对当前主流电子商务推荐技术进行评析，对其优缺点及适用领域提出了自己的见解。针对当前最为成熟的协同过滤推荐技术，作者借助 Vague 理论、产品分类树理论、神经网络相关理论同时结合关联规则推荐，提出了一种有效解决冷启动、稀疏性、可扩展性问题的混合推荐方法。实验证明，该方法在推荐精度与效率上都有一定的改进。作者提出的改进思路，是对当前电子商务推荐方法的极其有意义的补充。

本书是一位青年研究者数年的心血，期望能够以书结友，与电子商务推荐研究同道者互有切磋，同时能够在电子商务相关企业在其网络营销方面具有重要的参考价值。

张慧颖

2014 年 6 月于天津大学青年湖畔

前 言

协同过滤推荐技术是电子商务推荐系统中最为成熟也是目前最为成功的一种技术，但其受稀疏性、冷启动、扩展性等问题困扰，阻碍了其推荐质量与推荐效率的进一步发展。本书从电子商务协同过滤推荐质量与推荐效率目前遇到的问题出发，从保证基础评价数据的完整性、推荐方法的准确性、计算复杂度的适宜性三个角度去分析电子商务协同过滤推荐系统，指出协同过滤推荐系统瓶颈的产生原因，并提出了改进机制。

针对稀疏性问题，本书提出基于用户的稀疏评价数据应用 SOM 神经网络对具有相似购物偏好的用户进行聚类，依据同一聚类簇内用户购物偏好的相似性，进一步应用 RBFN（径向基函数神经网络）进行平滑预测处理以获得用户对未评价项目评价值。神经网络聚类与预测有效地消除了基础评价数据的稀疏性问题，降低了基础评价数据的不完整性给推荐系统带来的影响。针对冷启动问题，作者提出了一种基于动态产品分类树的关联规则挖掘方法。针对推荐效率问题，作者提出将在线推荐和离线计算相结合的推荐方法，有效地解决了扩展性问题。

本书可作为电子商务、信息系统管理、计算机应用和相关专业的高年级本科生、研究生及老师的教学参考书，也可作为相关学者从事电子商务推荐系统研究设计和开发的参考资料。

作 者

2014 年 6 月

目　录

第一章　电子商务系统概述

第一节　电子商务的产生和发展

一、引言

1994 年，一个名叫杰夫·贝佐斯（Jeff Bezos）的年轻人迷上了迅速发展的互联网，当时他还只是个财务分析师兼基金管理员。他列出了 20 种可能在互联网上畅销的产品。通过认真的分析，他选择了图书。五年后，他创办的 Amazon. com（亚马逊网上书店）年销售额超过了 6 亿美元。贝佐斯以前并没有什么图书销售行业的经验。但他知道图书属低价商品，易于运输，而且很多顾客在买书时不要求当面检查。所以，如果促销有力，就能够激发顾客购买图书的欲望。在全球范围内，每时每刻都有 400 多万种图书正在印刷，其中 100 多万种是英文图书。然而，即使是最大的书店也不可能库存 20 万种图书。从这里，贝佐斯发现了图书在线销售的战略机会。

除了上述销售机会，另一个因素对于亚马逊网上书店的成功也是同样重要的，这就是图书销售这个行业的供应商结构。贝佐斯发现，图书市场上有很多出版商，但没有一个能够垄断市场。因此，就没有出版商能够制约亚马逊网上书店的图书供应，或作为竞争者进入这个市场。贝佐斯最后决定把公司设在西雅图，这里有很多计算机编程高手，还有全球最大的图书分销中心。

贝佐斯鼓励读者把自己的书评发给网站，他把这些评论和图书的出版商信息一起发布。读者的书评就像街边书店里店员的推荐和建议。虽然贝佐斯看到了互联网具有送达小的、高度集中的细分市场的巨大力量，但他知道网上书店不可能满足所有顾客的所有要求。所以，他编制了一套销售辅助程序，把其他网站划分为不同的主题，这些网站可以和亚马逊网上书店特定主题的图书建立链接。作为回报，亚马逊网上书店将销售额的一定百分比交给这些网站。

亚马逊网上书店在成长过程中，总是在不断地寻找新的战略机会。1998 年，它开始销售 CD 唱片和录像带。它的网站软件可以追踪顾客的购货记录并向顾客推荐相关书籍。此外，顾客还可以要求亚马逊网上书店在某一作者出版新书时通知自己。由于不断关注并改进图书的进货、促销、销售和运输等业务环节，贝佐斯和他的亚马逊网上书店成为电子商务领域中最耀眼的一颗明星。

电子商务源于英文 Electronic Commerce，简写为 EC。顾名思义，其内容包含两个方面，一是电子方式，二是商贸活动。电子商务指的是利用简单、快捷、低成本的电子通信方式，买卖双方不谋面地进行各种商贸活动。

电子商务可以通过多种电子通信方式来完成。简单的，比如你通过打电话或发传真的方式来与客户进行商贸活动，似乎也可以称作为电子商务；但是，现在人们所探讨的电子商务主要是以 EDI（电子数据交换）和 Internet 来完成的。尤其是随着 Internet 技术的日益成熟，电子商务真正的发展将是建立在 Internet 技术上的。所以也有人把电子商务简称为 IC（Internet Commerce）。

从贸易活动的角度分析，电子商务可以在多个环节实现，由此也可以将电子商务分为两个层次，较低层次的电子商务如电子商情、电子贸易、电子合同等；最完整的也是最高级的电子商务应该是利用 Internet 网络能够进行全部的贸易活动，即在网上将信息流、商流、资金流和部分的物流完整地实现，也就是说，你可以从寻找客户开始，一直到洽谈、订货、在线付（收）款、开具电子发票，以至到电子报关、电子

纳税等通过 Internet 一气呵成。

要实现完整的电子商务还会涉及很多方面，除了买家、卖家外，还要有银行或金融机构、政府机构、认证机构、配送中心等机构的加入。由于参与电子商务中的各方在物理上是互不谋面的，因此整个电子商务过程并不是物理世界商务活动的翻版，网上银行、在线电子支付等条件和数据加密、电子签名等技术在电子商务中发挥着重要的不可或缺的作用。

二、电子商务产生和发展的条件

电子商务最早产生于 20 世纪 60 年代，发展于 90 年代以后，其产生和发展的重要条件主要是：

1. 计算机的广泛应用

近 30 年来，计算机的处理速度越来越快，处理能力越来越强，价格越来越低，应用越来越广泛，这为电子商务的应用提供了基础。

2. 网络的普及和成熟

由于 Internet 逐渐成为全球通信与交易的媒体，全球上网用户呈级数增长趋势，快捷、安全、低成本的特点为电子商务的发展提供了应用条件。

3. 信用卡的普及应用

信用卡以其方便、快捷、安全等优点而成为人们消费支付的重要手段，并由此形成了完善的全球性信用卡计算机网络支付与结算系统，它使“一卡在手、走遍全球”成为可能，同时也为电子商务中的网上支付提供了重要的手段。

4. 电子安全交易协议的制定

1997 年 5 月 31 日，由美国 VISA 和 Mastercard 国际组织等联合指定的 SET（Secure Electronic Transfer Protocol）即电子安全交易协议的出台，以及该协议得到大多数厂商的认可和支持，为在开发网络上的电子商务提供了一个关键的安全环境。

5. 政府的支持与推动

自 1997 年欧盟发布了欧洲电子商务协议，美国随后发布“全球电子商务纲要”以后，电子商务受到世界各国政府的重视，许多国家的政府开始尝试“网上采购”，这为电子商务的发展提供了有力的支持。

电子商务的发展，得益于全球经济一体化的迅速发展，得益于信息处理技术和通信技术的迅速发展和成熟，也最终得益于 Internet 技术的不断完善。

商业是一切交易行为的泛称，它并不单纯指在商店里的经营活动，还包括商品从生产制造到最终消费者的全过程。而从信息角度理解，商业应当是覆盖整个社会各个方面的信息网络。由于商业具有涉及面广、覆盖面大等特点，使得不同国家和区域的商业各具特色，差异性和复杂性都迥异，但商业在国民经济中都是不可缺少的重要环节。当前，全球经济朝向国际化、一体化发展，世界范围的商务活动在所难免，而有效进行跨越国家和地区的商务活动也就成为当务之急。商业自动化是当前逐渐摆脱商务活动分散性和复杂性的有效手段，而电子商务则更是当前商业自动化浪潮的弄潮儿。

从普通商场的电子收款机、POS（销售点实时管理系统）、EOS（电子订货系统）和 BMIS（商场信息管理系统），到跨越不同国界、不同企业的 EDI（电子数据交换），数据信息的控制处理越来越准确、有效，大量事务处理工作趋向标准化。特别是采用 EDI 作为国际经济和贸易往来的主要手段，从根本上改变了国际产业结构和贸易方式，并引发企业内部结构和运行机制的改变，取代了传统企业的采购、生产等独立功能，改善了整个企业的资金流动、库存、客户服务等方面，使贸易伙伴之间的各业务环节更加密切协调一致，从而获得了明显的经济效益和社会效益。可以说，商业自动化的不断完善和发展，为电子商务的产生提供了良好的滋生环境。

在企业内部，早在 Internet 技术被大量采用之前，许多企业就已经采用了电子方式来进行数据、表格等信息的交换和处理，最为典型的是办公自动化系统和管理信息系统。这些系统综合利用计算机网络、通信、管理等科学技术，对企业内外部的信息进行收集、加工、存储、传递和利用，辅助企业各级管理人员有效地履行企业生产经营管理功能，最终实现企业经营的总目标。实际上，在企业内部的商务活动中，它们就已经充当了不可替代的角色。目前企业在向电子企业过渡，EC 与 ERP、ERM 齐名，成为三环中的一环。

在金融业，随着技术革命的突飞猛进，银行也步入电子化时期。这一浪潮使银行能快捷地为世界各地的客户提供电子金融服务。对于金融机构而言，大量自动服务系统的采用为电子商务的最终实现提供了坚实的物质基础。通过自动服务终端、自动柜员机等服务，顾客可以进行现金存取、转账、账户查询等功能运用，很大程度提高了银行手段的自动化水平。而随着股票、证券、期货、保险等金融衍生业务的需求和发展，使金融业成为电子商务领域发展的急先锋，而银行提供电子支付服务的最终效果，则是电子商务得以全面应用和推广的瓶颈因素。

多年来，大量的银行、航空公司、连锁店及制造业企业已建立了供方和客户间的电子通信和处理关系。这种方式加快了供方处理速度，有助于实现最优化管理，使得操作更有效率，并提高了对客户服务的质量。但早期的解决方式都是建立在大量功能单一的专用软硬件设施的基础上，因此使用价格极为昂贵，只有大型企业才会利用。此外，早期网络技术的局限性也限制了应用范围的扩大和水平的提高。

而真正促使电子商务提高到日程的关键因素则是 Internet 技术的飞速发展。以通信和网络技术为支撑的 Internet 应用无疑在环境、技术以及经济上都为电子商务创造了有利条件。作为全球上独一无二最大的网络，Internet 在地域上包含了 100 多个国家和地区，成千上万的子网，并拥有数以亿计的网民。同时，Internet 又是一个发展最快的网络，没有人能说得清它到底有多大，因为它无时无刻不在扩充，资源每时每刻都在增加。无论对个人、企业还是一个国家，Internet 之所以备受青睐就在于它架起了一座通向外界的桥梁，联网就意味着信息和服务的共享。商务活动的准确性、快捷性和动态性这些要求一一在 Internet 中得到极大程度的满足。

随着 Internet 逐渐进入政治、经济领域，如何大力发展电子商务对于各国政府，乃至企业来说，已经具有相当的战略意义。电子商务从某种程度上消除了业务活动在时空上的限制，从而使商贸业务的运行和发展更加趋于灵活性、实时性和国际化，全球市场竞争将会更加激烈。美国麻省理工学院教授内格罗蓬特说，在今后几年内，Internet 有可能改变整个世界经济的格局。这就是说，谁在这个新兴领域抢先占领一席之地，谁就在未来的经济社会处于有利地位。当前，在世界范围内，各国政府、科研部门、金融机构和企业都在着手开展电子商务。

三、电子商务发展的三个阶段

1. 20 世纪 60—90 年代：基于 EDI 的电子商务

从技术的角度来看，人类利用电子通信的方式进行贸易活动已有几十年的历史了。早在 20 世纪 60 年代，人们就开始了用电报报文发送商务文件的工作；70 年代人们又普遍采用方便、快捷的传真机来替代电报，但是由于传真文件是通过纸面打印来传递和管理信息的，不能将信息直接转入到信息系统中，因此人们开始采用 EDI（电子数据交换）作为企业间电子商务的应用技术，这也就是电子商务的雏形。

EDI 在 20 世纪 60 年代末期产生于美国，当时的贸易商们在使用计算机处理各类商务文件的时候发现，由人工输入到一台计算机中的数据 70% 是来源于另一台计算机输出的文件，由于过多的人为因素，影响了数据的准确性和工作效率的提高，人们开始尝试在贸易伙伴之间的计算机上使数据能够自动交换，EDI 应运而生。

EDI（Electronic Data Interchange）是将业务文件按一个公认的标准从一台计算机传输到另一台计算机上去的电子传输方法。由于 EDI 大大减少了纸张票据，因此，人们也形象地称之为“无纸贸易”或“无纸交易”。

从技术上讲，EDI包括硬件与软件两大部分。硬件主要是计算机网络，软件包括计算机软件和EDI标准。

从硬件方面讲，20世纪90年代之前的大多数EDI都不通过Internet，而是通过租用的电脑线在专用网络上实现，这类专用的网络被称为VAN（Value - Added Network，增值网），这样做的目的主要是考虑到安全问题。但随着Internet安全性的日益提高，作为一个费用更低、覆盖面更广、服务更好的系统，其已表现出替代VAN而成为EDI的硬件载体的趋势，因此有人把通过Internet实现的EDI直接叫作Internet EDI。

从软件方面看，EDI所需要的软件主要是将用户数据库系统中的信息，翻译成EDI的标准格式以供传输交换。由于不同行业的企业是根据自己的业务特点来规定数据库的信息格式的，因此，当需要发送EDI文件时，从企业专有数据库中提取的信息，必须把它翻译成EDI的标准格式才能进行传输，这时就需要相关的EDI软件来帮忙了。

EDI软件主要有以下几种：

①转换软件（Mapper）：转换软件可以帮助用户将原有计算机系统的文件，转换成翻译软件能够理解的平面文件（Flat file），或是将从翻译软件接收来的平面文件，转换成原计算机系统中的文件。

②翻译软件（Translator）：将平面文件翻译成EDI标准格式的文件，或将接收到的EDI标准格式的文件翻译成平面文件。

③通信软件：将EDI标准格式的文件外层加上通信信封（Envelope），再送到EDI系统交换中心的邮箱（Mailbox），或由EDI系统交换中心内将接收到的文件取回。

EDI软件中除了计算机软件外还包括EDI标准。美国国家标准局曾制定了一个称为X12的标准，用于美国国内。1987年联合国主持制定了一个有关行政、商业及交通运输的电子数据交换标准，即国际标准——UN/EDIFACT（UN/EDI for Administration，Commerce and Transportation）。1997年，X12被吸收到EDIFACT，使国际间用统一的标准进行电子数据交换成为了现实。

2. 20 世纪 90 年代至 2000 年：基于国际互联网的电子商务

由于使用 VAN 的费用很高，仅大型企业使用，因此限制了基于 EDI 的电子商务应用范围的扩大。20 世纪 90 年代中期后，国际互联网（Internet）迅速走向普及化，逐步地从大学、科研机构走向企业和百姓家庭，其功能也已从信息共享演变为一种大众化的信息传播工具。从 1991 年起，一直排斥在互联网之外的商业贸易活动正式进入到这个王国，因此而使电子商务成为互联网应用的最大热点。以直接面对消费者的网络直销模式而闻名的美国戴尔（Dell）公司 1998 年 5 月的在线销售额高达 500 万美元，该公司期望 2000 年在线收入能占总收入的一半。另一个网络新贵亚马逊（Amazon. com）网上书店的营业收入从 1996 年的 1580 万美元猛增到 1998 年的 4 亿美元。eBay 公司是互联网上最大的个人对个人的拍卖网站，这个跳蚤市场 1998 年第一季度的销售额就达到 1 亿美元。像这样的营业性网站已从 1995 年的 2000 个急升为 1998 年的 42. 4 万个。面对电子商务如此迅猛的发展趋势，弗雷斯特（Forrester）公司不得不将它对于 2002 年电子商务的预测由原来的 3270 亿美元改为 8427 亿美元。

3. 2000 年至今：E 概念的电子商务

自从 2000 年年初以来，人们对电子商务的认识，逐渐由电子商务扩展到 E 概念的高度，人们认识到电子商务实际上就是电子信息技术同商务应用的结合。而电子信息技术不但可以和商务活动结合，而且还可以和医疗、教育、卫生、军事、政府等有关部门和应用领域结合，从而形成有关领域的 E 概念。电子信息技术同教育结合，孵化出电子教务——远程教育；电子信息技术和医疗结合，产生出电子医务——远程医疗；电子信息技术同政务结合，产生出电子政务；电子信息技术同军事结合，出现电子军务——远程指挥；电子信息同金融结合，产生出在线银行；电子信息技术与企业组织形式结合，形成虚拟企业，等等。随着电子信息技术的发展和社会需要，人们不断地为电子信息技术找到新的应用，必将产生越来越多的 E 概念，我们将真正进入 E 时代。

互联网已成为全球最大的互联网络，覆盖150多个国家和地区，连接了1.5万多个网络，220万台主机。被誉为“英特尔之父”的Vint Cerf曾预测，到2003年全球将会有1亿互联网用户，然而，互联网的发展事实让他跌破眼镜。2005年，全世界上网的人数已达10亿。

据CNNIC1999年1月15日发布的最新统计报告显示，截至1998年12月31日，我国互联网用户数已达到210万，CN下注册的域名数已达18396个，WWW站点数约5300个。

为什么基于互联网的电子商务对企业具有如此大的吸引力呢？这是因为它比基于EDI的电子商务具有以下一些明显的优势：

①费用低廉：由于互联网是国际的开放性网络，使用费用很便宜，一般来说，其费用不到VAN的1/4，这一优势使得许多企业尤其是中小企业对其非常感兴趣；

②覆盖面广：互联网几乎遍布全球的各个角落，用户通过普通电话线就可以方便地与贸易伙伴传递商业信息和文件；

③功能更全面：互联网可以全面支持不同类型的用户实现不同层次的商务目标，如发布电子商情、在线洽谈、建立虚拟商场或网上银行等；

④使用更灵活：基于互联网的电子商务可以不受特殊数据交换协议的限制，任何商业文件或单证可以直接通过填写与现行的纸面单证格式一致的屏幕单证来完成，不需要再进行翻译，任何人都能看懂或直接使用。

四、电子商务对社会经济会产生哪些影响

随着电子商务魅力的日渐显露，虚拟企业、虚拟银行、网络营销、网上购物、网上支付、网络广告等一大批前所未闻的新词汇正在为人们所熟悉和认同，这些词汇同时也从另一个侧面反映了电子商务正在对社会和经济产生的影响。

1. 电子商务将改变商务活动的方式

传统的商务活动最典型的情景就是“推销员满天飞”“采购员遍地跑”“说破了嘴、跑断了腿”；消费者在商场中筋疲力尽地寻找自己所需要的商品。现在，通过互联网只要动动手就可以了，人们可以进入网上商场浏览、采购各类产品，而且还能得到在线服务；商家们可以在网上与客户联系，利用网络进行货款结算服务；政府还可以方便地进行电子招标、政府采购等。

2. 电子商务将改变人们的消费方式

网上购物的最大特征是消费者的主导性，购物意愿掌握在消费者手中；同时消费者还能以一种轻松自由的自我服务的方式来完成交易，消费者主权可以在网络购物中充分体现出来。

3. 电子商务将改变企业的生产方式

由于电子商务一种快捷、方便的购物手段，消费者的个性化、特殊化需要可以完全通过网络展示在生产厂商面前，为了取悦顾客，突出产品的设计风格，制造业中的许多企业纷纷发展和普及电子商务，如美国福特汽车公司在1998年的3月份将分布在全世界的12万个电脑工作站与公司的内部网连接起来，并将全世界的1.5万个经销商纳入内部网。福特公司的最终目的是实现能够按照用户的不同要求，做到按需供应汽车。

4. 电子商务将为传统行业带来一场革命

电子商务是在商务活动的全过程中，通过人与电子通信方式的结合，极大地提高商务活动的效率，减少不必要的中间环节，传统的制造业借此进入小批量、多品种的时代，“零库存”成为可能；传统的零售业和批发业开创了“无店铺”“网上营销”的新模式；各种线上服务为传统服务业提供了全新的服务方式。

5. 电子商务将带来一个全新的金融业

由于在线电子支付是电子商务的关键环节，也是电子商务得以顺利发展的基础条件，随着电子商务在电子交易环节上的突破，网上银行、

银行卡支付网络、银行电子支付系统以及网上接服务、电子支票、电子现金等服务，将传统的金融业带入一个全新的领域。1995 年 10 月，全球第一家网上银行“安全第一网络银行”（Security First Network Bank）在美国诞生，这家银行没有建筑物，没有地址，营业厅就是首页画面，员工只有 10 人。与总资产超过 2000 亿美元的美国花旗银行相比，“安全第一网络银行”简直是微不足道，但与花旗银行不同的是，该银行所有交易都通过互联网进行，1996 年其存款金额达到 1400 万美元。

6. 电子商务将转变政府的行为

政府承担着大量的社会、经济、文化的管理和服务的功能，尤其作为“看得见的手”，在调节市场经济运行，防止市场失灵带来的不足方面有着很大的作用。在电子商务时代，当企业应用电子商务进行生产经营，银行是金融电子化，以及消费者实现网上消费的同时，将同样对政府管理行为提出新的要求，电子政府或称网上政府，将随着电子商务发展而成为一个重要的社会角色。

总而言之，作为一种商务活动过程，电子商务将带来一场史无前例的革命。其对社会经济的影响会远远超过商务的本身，除了上述这些影响外，它还将对就业、法律制度以及文化教育等带来巨大的影响。电子商务会将人类真正带入信息社会。

五、电子商务在国内外的发展情况

（一）电子商务在国内的发展

中国政府和企业敏锐地意识到信息化及电子商务对经济增长和企业竞争力的巨大影响。中国政府从 20 世纪 90 年代初开始，相继实施了“金桥”“金卡”“金关”等一系列金字工程；此外，中国远洋运输集装箱信息系统、中国商品交易网、中国国际电子商务网等也相应建成。信息产业部把发展电子商务作为加快推进国民经济信息化的重要环节，各商业银行纷纷推出电子银行业务，中国电信选出 12 个省作为试点推行各种电子商务解决方案。

从1994年起，中国的证券交易网覆盖全国，连接300多家证券公司的近2600个营业部，开户投资者达3980多万户，最高日成交量达到300多亿元人民币，有力地支持了中国证券市场的发展。中国的金融结算系统连接着600多个地面卫星小站和1000多个收发站，覆盖全国所有地级以上城市和700多个县，平均每天业务往来5万~6万笔，大大提高了转汇效率，缩短了资金在途时间。中国的民航订票系统已经投入运行12年，1997年通过该系统预订的机票达5560多万张，金额近200亿元人民币。截至1997年6月，中国共发行各种信用卡5056万张，各种非银行IC储值卡6000多万张。此外，中国远洋运输集装箱信息系统、中国商品交易网、中国商品订货系统等网络也已相继建立。

国内一些部门和企业大胆尝试，成立了运用计算机信息网络的商品交易中心。1997年10月28日，国家经贸委批准成立的中国商品交易中心正式开通，力求把全国所有企业的商品交易通过Internet统一管理起来。1998年4月7日，北京海星凯卓计算机公司和陕西华星进出口公司利用在Internet上运行的中国商品交易系统进行了首单电子交易。4月13日中午，满载价值166万元的Compaq电脑的货柜车从西安顺利抵达北京，标志着我国电子商务已正式开始了实际运行。7月1日，外经贸部的网上“中国商品交易市场”开通，客户可以在网上寻找信息，在网上加密的谈判室进行业务谈判、合同签订。

从国内形势看，我国电子商务经过10年多时间从萌芽状态发展为初具规模的成长型产业，网商、网企、网银等专业化服务和从业人员呈几何级数膨胀，已成为引领现代服务业发展的新兴产业，在促进现代服务业融合、推进创业环境改变、完善商务环境等方面所起的作用越来越明显。同时，电子商务在助力节能减排、促进绿色消费、带动3G和物联网等新兴技术发展等方面都有着广阔的应用空间，对帮助解决我国发展中存在的产业结构不合理、投资和消费关系失衡、就业总量压力和结构性矛盾并存等问题起着积极作用，将成为后金融危机时代我国的战略性投资方向。

我国电子商务发展存在以下主要特点：

1. 网络购物大面积普及，销售规模增长迅猛

2012 年，我国网络零售市场交易规模达到 13110 亿元，增速约为当年社会消费品零售总额增长率（14.3%）的 4.7 倍，较 2007 年网络零售总额 561 亿元增长了 20 多倍。我国在世界电子商务领域的地位得到显著提升。

2. 传统商业企业应对网络市场冲击，加大了电子商务转型力度

电子商务的快速发展对传统商业企业影响显著，在苏宁易购、国美商城等零售模式转型的带动下，越来越多的传统商业企业涌入电子商务领域。

3. 电子商务服务业初具规模，电子商务生态环境得到改善

以电子商务交易服务为龙头，物流配送、支付、安全和信用认证、软件开发等电子商务服务已经形成规模。电子商务服务业正在创新商业模式、促进发展方式转型，电子商务整体生态环境得到进一步改善。

4. 跨境电子商务成为新的发展热点

跨境电子商务在快速增长的同时，对平台、物流、支付结算、海关商检等环节提出新的要求，并引起政府部门的高度重视。模式创新成为跨境电子商务新的增长点。平台企业已超过 5000 家，我境内通过各类平台开展跨境电子商务业务的企业已超过 20 万家，2012 年我跨境电子商务交易额已达 2 万亿元。

5. 新一代互联网技术推动电子商务跃上新的台阶

云计算已经成为发展电子商务所必需的网络基础设施；同时各大电子商务平台纷纷利用大数据技术进行精细化营销，挖掘新的消费需求，进一步提升客户的服务体验；另外，移动电子商务也成为各大电商平台竞争的新热点，基于智能终端的 APP 应用已经是电商平台的标准配置。

6. 政府引导的电子商务示范工程取得初步成效

商务部联合发改委等八部委确定的国家电子商务示范城市、商务部确定的国家电子商务示范基地和示范企业，形成了较为完整的电子商务示范体系，在营造发展环境、推动创新应用、引导企业集聚、促进均衡发展等方面发挥了良好的示范作用。

我国电子商务行业发展趋势主要有以下几个方面：

1. 行业电子商务将成发展主流

中国电子商务进入迅猛发展时期的典型特征是风险资金、网站定位等将从以往的“大而全”模式转向专业细分的行业商务门户。第一代的电子商务专注于内容，第二代专注于综合性电子商务，而下一代的行业电子商务将增值内容和商务平台紧密集成，充分发挥互联网在信息服务方面的优势，使电子商务真正进入实用阶段。

目前，有价值行业平台更受投资商青睐，垂直专业 B2B 平台将成为未来中国 B2B 市场后发力量，有巨大发展空间。此类平台有两个特点：专和深。专是集中全部力量打造专业性信息平台，包括以行业为特色或以国际服务为特色；深是此类平台具备独特的专业性质，在不断探索中将会产生许多深入且独具特色的服务内容与盈利模式。

2. 电子商务网站将会出现兼并热潮

首先是同类兼并。目前中国为数不少的网站属于重复建设之列，定位相同或相近，业务内容趋同。由于资源有限，并且在 Internet“赢家通吃”原则下，最终胜出的只是名列前茅的网站。

其次是互补性兼并。那些处于领先地位的电子商务企业在资源、品牌、客户规模等诸方面具有很大的优势，但同国外著名电子商务企业相比还有很大差距。这些具备良好基础和发展前景的网站要发展，必然采取互补性收购策略，结成战略联盟。

由于个性化、专业化是电子商务发展的两大趋势，而且每个网站在资源方面总是有限的，客户的需求又是全方位的，所以不同类型的网站以战略联盟的形式进行相互协作将成为必然趋势。

3. 电子商务呈现常态化

近年来，我国电子商务发展迅速，已经广泛渗透到社会经济生活各

个领域，成为企业开拓国内外市场、降低运营成本、提高流通效率的新渠道，消费者便利消费的新选择，政府部门拉动内需、发展经济、优化产业结构的新抓手。2012年，在政府、企业和消费者的共同推动下，我国电子商务交易总额突破8万亿元，达到80163亿元，同比增长31.7%；其中，网络零售额超过1.3万亿元，同比增长67.5%，相当于2012年社会消费品零售总额的6.3%。到2012年年底，我国连锁百强流通企业中已有62家开展网络零售业务。今年上半年，在我国零售业增长放缓的形势下，网络零售一枝独秀。据有关机构统计，上半年我国网络零售交易总额超过8800亿元，同比增长超过70%。电子商务打破时空限制和区域壁垒，集成信息流、资金流和物流，拓展了流通渠道、提高了流通效率、降低了流通成本，促进了统一、规范、诚信的大流通、大市场的形成。

越来越多的企业终于看到电子商务的好处，不论是自建独立的官方电子商务平台，还是使用第三方电子商务平台，都让电子商务渗透率随之保持持续的高速增长。

网购理念的普及、网购用户的增长，投资人和企业收获的真金白银是实实在在的，人们购买模式的转变和更深远的影响是实实在在的。随着网上支付、物流配送的逐渐成熟，电子商务必将形成规模庞大的经济体，并通过与实体经济的切实结合，给社会、经济发展注入动力，呈现出高普及化、常态化趋势。

4. 电子商务将与物流供应链紧密连接

在电子商务蓬勃发展的热潮中，产业链短板其实已经浮现，即同样是未来发展热点的物流供应链。

目前，电子商务和物流的主要结合方式是：客户在网上订货，然后卖家推荐物流公司由买家自己挑选。然而，电子商务与物流的结合远不止这么简单。随着电子商务被越来越多的消费者接受并成为习惯，他们对物流也提出了更高的要求。有关报告指出，未来5年间，中国消费者将更重视互联网上商家的物流服务及其他增值服务能力，相比而言，产品种类的丰富程度以及对某项产品的深入程度则略显次要。

因此，未来只有那些把物流作为其核心价值组成部分并且已经掌握其中诀窍的企业才能在中国的电子商务市场竞争中取胜。这些公司会将物流供应链网络作为整体电子商务解决方案的一部分，将物流渠道、商流渠道及信息流渠道进行捆绑，是真正的融合、渗透到电子商务企业的各个环节，而绝非简单地外包给第三方。

5. 电子商务融合商业智能

随着电子商务竞争的日益激烈，商业智能在电子商务运营中所扮演的角色将逐渐重要，这一点从国外成熟的电子商务网站上都可以看到。在国外，一般电子商务企业都会有专人专门负责数据分析等商业智能工作，作为一种战略上的投资。从目前中国整个电子商务行业来看，真正关注数据分析和商业智能的企业并不多，而企业缺乏资金投入是其最主要的原因。

但是数据对于电子商务企业的重要性不言而喻，面向电子商务的商业智能管理系统就是基于智能管理系统和在线决策支持系统相结合的基础上，将智能化、集成化、协调化、网络化及在线决策支持的思想融入到传统的商业计算机管理系统之中，使其能够适应现代商业发展的规律与趋势，为经营决策者提供更好的经营管理环境和决策支持。

未来，电子商务的竞争因素之一就包括是否拥有一套适用的商业智能系统，是否拥有一个强大的数据分析团队，他们相当于电子商务企业面的智囊团。

6. 传统企业电子商务将呈集团军式暴发

近年来，传统企业进入电子商务的趋势已经越来越明显。在继国美、苏宁决定搅动上百亿元的家电网购市场之后，鞋类企业百丽也宣布巨资投入旗下电子商务企业优购网。在此之前银泰等服装、鞋类、日化等传统企业纷纷触“电”。

在美国的“在线零售 500 强”榜单里，80% 以上的企业都是传统品牌的在线业务板块，而在中国，2010 年应该是传统企业的电子商务

元年。在经历了2009年的试水期后，大量的传统企业进军电子商务市场，并且发展迅猛。苏宁易购、Kappa、李宁、优衣库、凌致、佐丹奴、爱慕、九牧王、相宜本草、银泰百货、我买网等传统企业或品牌在电子商务上的表现都令人注目。

2011年，传统企业的电子商务将呈整体性高速成长，借助传统实体的供应链资源和品牌优势，传统企业的B2C部分有天然的优势，它们需要掌握的，是消费者的在线购物需求和行为模式。

7. 更多第三方服务商完善电子商务产业链

电子商务的巨大应用空间带动了电子商务服务业的快速成长。2012年电子商务服务行业总营业收入超过2000亿元，成为调整经济结构、转变发展方式的重要动力和促进就业的主要途径之一。

（二）电子商务在国外的发展

今天，技术再也不是由熟悉技术的少数人员来控制，现在的技术已变成大多数人的技术。技术离市场只有一步之遥，某种程度上讲，先进的技术意味着广阔市场。回顾我们身边每一件产品和每一项技术应用，不难发现，它们共同的特点是更加大众化、集成化和技术创新到实际应用过程的迅速化。收音机变成普遍应用花了30年，电视变成普遍应用花了13年，有线电视变成普遍应用花了10年，而Internet变成普遍应用只花了5年。

随着信息科技的迅速发展，Internet已成为全球重要的信息传播工具。Internet现在遍及186个国家，容纳了60万个网络，提供了各种服务，包括600个大型联网图书馆、400个联网的学术文献库、2000种网上杂志、900种网上新闻报纸、50多万个Web网页站点，总共近100万个信息源为网民提供海量信息资源的交流与共享。2000年，全球已有超过一亿的用户，而这个数字正以每年15%～20%的速度递增。预计今年网络用户将超过三亿人。

根据2001年12月瑞士信贷银行的资料，今后几年世界电子商务贸易额将成倍增长，2003 年电子商务贸易额将达 12400 亿美元，占世界贸易总额的 18% ~25%。发展电子商务已关系到经济结构调整和产业升级、国家整体经济竞争力的问题了。

随着 Internet 逐渐进入政治、经济领域，如何大力发展电子商务对于各国政府，乃至企业来说，已经具有相当的战略意义。电子商务从某种程度上消除了业务活动在时空上的限制，从而使商贸业务的运行和发展更加趋于灵活性、实时性和国际化，全球市场竞争将会更加激烈。美国麻省理工学院教授内格罗蓬特说，在今后几年内，Internet 有可能改变整个世界经济的格局。这就是说，谁在这个新兴领域抢先占领一席之地，谁就在未来的经济社会处于有利地位。当前，在世界范围内，各国政府、科研部门、金融机构和企业都在着手开展电子商务。

早在 1993 年，美国克林顿政府就发表了《全球信息基础建设》(GII)，诠释美国政府对于 Internet 发展的立场和观点。在 1995 年，美国政府又发表了《全球电子商务纲要》一文，全面阐述了美国联邦政府对电子商务的立场、观点和战略思想，并拟定了一系列的原则，试图将之推广到世界各地。

1998 年 9 月 4 日，美国总统比尔·克林顿和爱尔兰总理荷内成为历史上第一对通过电子方式签署国际协议的国家领导人。他们在爱尔兰的都柏林通过数字签名技术，代表双方政府签署了一项旨在促进电子商务的联合声明，此举开创了数字化历史的新篇章。美国和爱尔兰签署的联合声明主要阐述了两国政府发展并促进电子商务的原则立场：电子商务在未来的交易中将发挥越来越重要的作用；应承认数字签名在电子商务交易过程中具有充分的合法性；电子商务交易应当暂免征税。对于此次数字签名的意义，克林顿总统给予很高的评价：“技术——如果我们掌握得当，将会成为人类历史上伟大的解放力量。”他强调：“爱尔兰作为欧洲电子商务中心，将会发挥更大作用。爱尔兰将成为美国和欧洲进行电子商务的中心和入口。”而爱尔兰总理荷内则将本次数字签名称作全球电子商务发展历史的里程碑。

作为电子商务的大力倡导者，美国政府曾宣布：从 1999 年 1 月 1 日起，美国政府采购将取消纸质单证的贸易手续。显而易见，这种规定所涉及的贸易对象并不仅仅只在美国范围，它将对全球形成冲击。因为贸易往来是多方面的，特别是在世界经济一体化的今天，任何一件事情带来的动荡都是全球性的。

为扩大电子商务在全球性进行全面开展，美国曾建议达成在 Internet 上开展免税的电子商务的永久协议，但后来它降低了这一期望，希望在一段时期内暂停收取关税。克林顿总统同时还敦促世界各国在保持电子商务免除关税的暂停期内同美国站在一起。克林顿总统在世界贸易组织的讲话中说："我请求世界各国在暂停对跨国界电子贸易征收任何关税的暂停期内同美国站在一起。我们不能允许歧视性的障碍来阻碍几十年中出现的、最有前途的经济机遇的发展。"他说："我们花了 50 多年才将阻碍商品与服务贸易的障碍推倒，现在应就电子商务达成一项协议，即我们绝不预先树立起这些障碍。"

在政府的大力支持下，电子商务在美国率先蓬勃发展起来。VISA 信用卡国际公司近期作出的调查表明：在 Internet 上，采购数额占其总采购额半数以上的美国企业，今年已经达到美国企业总数的 1/5。而对于电子商务的消费市场，据美国 Forrester Research 公司调查，1997 年年底，美国有 17% 的网民（约 460 万人）通过 Internet 证券经纪人进行股票投资，使用人口较第三季度增长了 150%。预计到 2000 年，使用 Internet 证券服务的人将超过 1000 万，占总上线交易额的 20% 以上。以目前美国最大的 Internet 证券服务商 Charles Schwab 为例，它在全美共有 280 个站点，截至 1998 年 2 月底，已有 500 万客户，其中更有 180 万人是 Internet 投资者。该公司自 1996 年第一季度开始提供 Internet 交易，在 1998 年第二季度，已使用 Internet 下单交易量超过了传统的电话下单交易量，达到全部交易比例的 52%。Forrester Research 公司预测，若干年后，20 ~ 35 岁的青年人将是未来 Internet 市场的主力顾客，到那时，金融界人士只有经营电子咨询中心，并提供在线交易等服务，才会吸引大量顾客。

总部设在加利福尼亚的网络组件生产商 Cisco 公司，可以说是电子商务的始作俑者之一，它利用 Internet 与贸易伙伴建立了纵横交错的复杂关系。1997 年，该公司通过 Internet 做成了 32 亿美元的交易，占总销售额的 40%。不仅如此，由于借助数字化的销售渠道，也使通信费用大幅度降低，一年大约节省了 4 亿美元。该公司的老板约翰·钱伯斯非常看好电子商务的发展前景，他认为“这仅仅是一个开端，而全球性数据网络应成为保证竞争力的决定因素”，并宣称：“到 2000 年，我们在 Internet 上的销售额将达到 100 亿 ~ 150 亿美元。”

而 IT 产业的蓝色巨人——国际商业机器公司（IBM）更是在全球范围内将电子商务炒得沸沸扬扬。仅就中国市场而言，不仅 IBM 公司的董事长兼首席执行总裁郭士纳先生身先士卒，于 1998 年 9 月，亲自到中国面对众多客户、业务伙伴和新闻记者，作了主题为“电子商务时代的制胜之道——通过企业变革赢得竞争优势”的专题演讲，详细阐述了如何借助电子商务提高企业的竞争力。同时，该公司也在国内大大小小的各类 IT 展览会上，广泛宣传 IBM 自己的电子商务解决方案和产品，着实引起了业界强烈的反响。在上海，IBM 公司声势浩大的“IBM Netfinity’98 应用论坛”隆重开幕，来自世界各地的 IBM 技术专家向与会用户介绍了工业标准服务器平台的最新技术进展和应用趋势，并和与会者共同探讨了电子商务在中国的应用现状和前景，以 Netfinity 5500 为标志的先进技术和众多 ISV（独立软件开发商）成熟的应用方案，构成本次论坛活动的核心内容——针对电子商务的企业级服务器技术和全面成熟的整体解决方案，而此次活动的主题“拥有无限网络，把握万千商机”再度表明了 IBM 对网络计算及其商务应用的进一步承诺。

种种迹象表明，IT 产业的另一巨人 Microsoft 也正在尽一切努力指向 Internet 上真正赚钱的领域——电子商务，而 Microsoft 的对手最担心的就是被挤出这个领域。Microsoft 坚持将它的 Internet 浏览器和 Windows 软件搭配销售，但实际上浏览器只是 Microsoft 最终目标的滩头堡。掌握了浏览器市场，就等于控制了上网交易者的眼睛。分析家们说，Microsoft 的战略目标是用自己的技术控制 Internet，从而掌握网上商务。Microsoft 网络部经理曾明确地表示："我们希望把我们的一揽子网络资产融入一个为消费者服务的单一网址，使之成为包罗网络交易、广告等商业活动的财源。"这个单一网址的名字为 Microsoft Start，目前正处于完善阶段。Microsoft 希望将它作为一个主要的商业"入口"，而一旦一切如愿以偿，这个超级网址将像一个庞大的综合商场，提供包括旅行购票、汽车销售、股市行情、新闻、免费电子邮件、网络搜索引擎、网上游戏以及网上购物等诸多服务。此外，它还能够提供房地产上市等其他信息。预计这个网址将成为 6200 万上网用户、广告商和网上购物者的超级入口，从而使 Microsoft 成为网上商务的中间商。目前，Microsoft 已经从电子商务中尝到了甜头。它在网上设立的预订飞机票、旅馆客房以及出租车辆等服务项目，每周的营业额已达 300 万美元，成为美国最大的网络旅游代理商之一。它的网上购车服务每月营销额更达 2 亿美元。Microsoft 在 1997 年的一份内部文件中说："我们正在挑战传统行业，如报纸、旅游公司、汽车经销商、娱乐介绍、导游、电话簿黄页广告和杂志，我们也在挑战新兴网上服务业。我们的技术应当打入这些领域，同时从它们那里夺走顾客和收入。"Microsoft 总裁 Bill Gates 最近说，他的公司有在产品上创新的权利，为了得到这个权利，"甚至乐意拿出 95% 的财富。"

在日本，由 16 家信息相关的外资企业组成的外资信息产业研究会也发表了紧急建议，要求免除电子贸易中的消费税。该研究会得到了日本经济团体联合会的帮助，向政府进行呼吁。紧急建议主张电话线路实行定额收费，将收费标准降至与美国持平，对个人计算机的支出应免征消费税。而尽管一些发展中国家的反对，世界贸易组织 132 个成员国的部长还是同意继续使网络成为自由贸易区的现行做法，期限为至少一年。

据 Interactive Media in Retail Group（IMRG）最近出版的一本白皮书称，欧洲国家在 Internet 销售收入上显著滞后于美国，政府需采取紧急行动，推广电子商务。该白皮书称，1997 年全球基于 Internet 的总收入中，有 85% 是美国创造的。欧洲则不同，因为欧洲企业没有推动电子商务所需的政府和业界支持。照现在情形看，美国正充当着 Internet 所购商品的大型出口商。然而，这份报告指出，Internet 本应让任何国家的公司都能以全球形象出现，成为出口商。该白皮书称，欧洲公司根本没有将其业务转移到 Web 上，用户在线购买商品的兴趣似乎也没有北美用户高。据 IMRG 分析，存在上述现象的原因之一是欧洲的 Internet 用户要少得多，另外新硬件和电信服务的高昂成本进一步阻碍了 Internet 的使用。其他问题包括：担心不安全，以及语言和货币不同造成的麻烦等。IMRG 认为，这些阻碍根深蒂固，如果欧洲想赶上电子商务这场竞争，政府和企业应采取行动扭转这种局面。要想让电子商务在欧洲发挥有效的作用，企业需要同银行、电信、Internet 运营商、软硬件厂商及政府合作。

在布鲁塞尔，包括来自出版界、零售业和银行方面的代表，还有 IBM、Microsoft、Netscape 及一些电信公司、活跃在 Internet 领域的 70 家全球性公司，为排除电子商务发展过程中遇到的障碍，举行了历时一天的全球通信业务圆桌会议，展开了它们所谓的“全球业务对话”，并达成协议。经欧洲委员会倡导，它们就其首要任务达成一致：将于明年第一季度召开会议，发布该组织针对税制、关税、知识产权、加密、认证、数据保护及责任分担问题所制订的解决方案。

Bertelsmann AG 公司董事会成员 Thomas Middlehoff 指出：“我们都有一个目标，针对在线电子商务制订明确的解决方案。”这次对话及明年的会议目的是让业界参与提出管理电子商务的解决方案。继而希望政府能更迅速地在立法和实践方面赶上各种变化。此次讨论会的高度一致性令人吃惊。Internet 内容的责任归属是与会者意见唯一不一致的一个问题，内容提供商、服务提供商和网络运营商在非法资料经 Internet 传输后谁应负责及如何界定侵权问题上存在分歧。

当世界各国开通电子商务交易时，亚太经合的经济体便已做好进入电子商务时代的准备。

新加坡政府一直强调信息科技的重要性，并且投入了大量资金让国人为进入 Internet 时代做好准备，这包括在学校推行信息科技总蓝图计划及发展“新加坡综合网”。设立“新加坡综合网”的目标之一，正是为了协助推动该国的电子商务发展，让国人能及早掌握这方面的知识，以维持该国的商业竞争力。

目前，国际上已有如下机构来领导电子商务，这些机构是商务网络联合会、欧洲电子商务（EEC）、日本电子商务促进理事会。此外，与电子商务有关的一些组织包括世界贸易组织（WTO）、电子合作与发展组织（OECD）、世界知识产权组织（WIPO）、国际商会（ICC）、国际民航组织（ICAO）、联合国国际贸易法委员会（UNCIRTAL）等。

纵观全球电子商务市场，各地区发展并不平衡，呈现出美国、欧盟、亚洲“三足鼎立”的局面。

美国是世界最早发展电子商务的国家，同时也是电子商务发展最为成熟的国家，一直引领全球电子商务的发展，是全球电子商务成熟发达地区。欧盟电子商务的发展起步较美国晚，但发展速度较快，成为全球电子商务较为领先的地区。亚洲作为电子商务的新秀，市场潜力较大，但是近年的发展速度和所占份额并不理想，是全球电子商务的持续发展地区。

全球 B2B 电子商务交易一直占据主导地位，2002 年至今，呈现持续高速增长态势，2007 年全球 B2B 交易额达到 8.3 万亿美元，预计在未来几年将保持40%以上的增长率，到2010 年，B2B 交易额达到26 万亿美元，比 2002 年增长 30 多倍。

整体来看，国外电子商务存在以下特点。

1. 大型企业主导的 B2B 成为其全球竞争力的重要组成

美国 B2B 电子商务发展的特点是：以大型企业为主导，以集成供应链管理为起点，以降低成本为主要目标。其主要表现形式为：大型企业首先利用ICT信息平台（ERP、ISC、CRM、IPD等），在整合企业内部流程和信息资源基础上，进一步向上游的供应商和下游的客户扩展，打通与上下游的信息流、资金流和物流，从而改善沟通效率和服务质量，大幅度降低交易成本、库存成本、生产成本和采购成本，通过全球化资源配置提高竞争优势，这构成了美国B2B电子商务发展的主流模式，如戴尔电脑（DELL）、UPS、沃尔玛、思科等。

2. 网上零售已成为发达国家主要零售渠道之一

韩国线上购物（Online Shopping）市场规模在已经超过百货商店的市场规模，已成为第二大零售市场。同时网上购物在零售市场中的占有率也在逐年递增，其重要性越来越明显。

“全美零售商联合会”发布的一项调查报告指出，最优秀的10家零售商中已经有4家为纯在线零售商，并且其中前6家有4家为在线零售商，它们分别是Overstock、Zappos、亚马逊以及新蛋网。

另外，众多长期关注电子商务的分析师、观察员以及零售店的管理人员都认为在接下来这几年实体店的业绩必然下滑。在2008年以及迄今为止的几个月里，美国电子产品零售业巨头环城连锁、家庭连锁巨头利纳斯（Linens'n Things）以及服装零售商Steve & Barry's等都不得不选择破产保护，而不是重组；而家得宝、西尔斯百货、服装连锁店安·泰勒（Ann Taylor）和Foot Locker等纷纷关闭分店。“国际购物中心协会”估计仅2009年就有约75000家零售店在关门，而在未来的3~5年内这个数字则将达到150000家。在未来的几年里，线下供应将显著减少，最终受益的将是线上零售商。对很多顾客来讲，这些网店将越来越方便其购买。

3. B2C发展规模及潜力高于C2C

根据美韩，尤其是美国市场的情况，美国网上零售市场B2C典型代表亚马逊目前的业绩远超网上零售市场典型代表eBay，同时美国B2C发展也要好于C2C；2008年韩国C2C占网上零售市场的份额为

45%。但中国网上零售市场中目前还是以 C2C 为主，占比高达 93%。亿邦动力网预测中国未来网上零售市场中 B2C 的市场占有率将逐步提高，并将最终超越 C2C。

第二节　相关学科对电子商务的影响

电子商务是一个系统工程，电子商务的发展首先需要多个相关学科的发展，对电子商务软环境发展影响较大的学科包括数学、计算机、通信、管理等。对电子商务的硬环境发展影响较大的有物流配送、邮政、交通等的发展，还有电子商务发展所必需的法律环境等。电子商务界和这些学科之间的关系是相互依赖、相互促进的。这里简单介绍一下计算机、通信与管理学科对电子商务的影响，其他有关的内容放在相应的部分做较详细的介绍。

一、计算机学科与电子商务

电子商务是以电子信息技术为基础的商务活动，它的进行必须通过计算机和计算机网络系统来实现信息存储、信息交换和信息处理，因此计算机技术的发展对电子商务的发展有决定性作用。自从第一台电子管计算机诞生以来，电子器件先后经历了电子管电路、晶体管电路、晶体管集成电路、大规模集成电路、超大规模集成电路。随着电子器件制造技术的发展计算机也产生了小型机、大型机和并行计算机。计算机技术是信息化进程中的核心技术。经过近半个世纪的发展，计算机技术已日趋成熟。计算机系统正向智能化、集成化、综合化方向发展，多媒体技术的诞生更使得计算机机可以处理图、文、声、像等多种形式的信息。各种专门应用软件成功地把计算机的应用范围从单一的科学计算推广到可以应用于几乎所有的领域。新的计算机网络技术和数据库技术实现了软件、硬件、信息资源更快、更好地共享，实现了更大范围的信息综合协同处理。数字化技术的一系列突破性进展以及计算机和互联网的普及，产生了席卷全球的信息革命。TCP/IP 协议的出现，使传统网络统一形成了世界性的计算机网络。其中与实现电子商务密切相关的信息新技术 VPN（虚拟专用网）、千兆以太网有线系统和调制解调器（Modem）的出现与进步在促成和鞭策电子商务。

计算机网络已经成为电子商务的主要网络平台。TCP/IP（传输控制协议/网际协议）的普及大大方便了各网络间信息的传输，降低了信息获取的成本；路由技术的迅速崛起，路由算法的不断创新，使得网络能够最充分地发挥作用。与此同时。基于 IP 协议的企业内联网和企业外联网也得到了快速发展，成为企业实现电子商务的基础环境。促成互联网用户膨胀的是 WWW 技术的出现。它使网上信息实现了多媒体化，网上信息变得由于富多彩并更易于为用户所接受。无线通信向数据化和宽带化方向迈进，GPRS 技术则以提供 115KB/s 的带宽，未来第三代移动通信技术则可提供 2MB/s 的带宽，WAP（无线广用协议）得到广泛认可并已开始得到应用。

计算机网络系统是融数字化技术、网络技术和软件技术为一体的综合系统，计算机网络和计算机智能节点控制技术使远程通信成为可能。正是由于远程通信的产生，才使得远程教育和远程医疗等一系列的远程应用迅速发展。因此电子商务和计算机网络的发展是密切相关的，正是信息技术发展推动了电子商务的发展。

计算机软件由最初的机器语言、汇编语言、高级语言到智能语言的发展以及大量的操作系统软件（如 DOS、Windows、UNIX、Linux 等）、办公软件（Office 系列办公软件、Lotus－1－2－3 系列办公软件等）、应用软件（如数据库系统软件 Oracle、Sybase、Informix 等）。专业应用软件（如 CAD 软件、CAM 软件、MATLAB、财务专用软件等）和各种开发用软件（如 Power Builder、JBUILDER、Delphi 等）的发展，使人们的软件开发基础能够从手工的、最底层的应用需要开始编写源代码的大量的繁重的脑力劳动中解放出来，专注于如何把大量的具有优秀功能的基本软件模块做最好的组装。如果说网络平台是电子商务的基石，那

么软件技术则是电子商务的发动机，它直接构筑了电子商务的各种应用，保证了电子商务的安全运行、各种电子商务开发软件为在网络上建立电子商务系统提供了工具。利用这些工具，人们可以构建网上商场、虚拟超市等商务系统。数据库技术也是电子商务发展的关键技术，数据库不仅为电子商务存储各种商品信息、交易信息以及用户信息，而且通过对数据的再次整理和挖掘，可以为商家提供市场信息和决策依据，从而真正体现电子商务在市场敏锐性方面的优势。安全是关系电子商务能否普及的关键问题，为保障所传信息的安全性，各种加密技术得到了发展，共享密钥、公共密钥等加密技术为信息保密提供了基础，而防火墙等技术为保护信息不受非法破坏和窃取提供了保障。

二、通信学科与电子商务

在电子商务活动中的信息流和资金流的载体都是通信系统，信息的交换和传输必须通过通信网络来实现，通信网是由传输、交换、终端设施和信令、协议以及相应的运行支撑系统组成、信息的传递和交换需要一个宽阔的基础通信通道为电子商务网络的搭建提供支撑，当代通信技术的飞速发展为电子商务大通道的形成打下了基础。

数字程控电话交换技术的产生，为现代数字通信技术奠定了基础。它的推广导致全球范围通信网络的大发展，成为互联网规模发展的重要支撑网络。光通信技术的成熟特别是目前快速发展的波分复用技术，使骨干通信网的带宽得以成倍地增加，为构筑在其上的计算机网络的扩张以及不断膨胀的信息内容的顺畅流动提供了保障。包括地面移动通信技术、卫星通信技术等在内的无线通信技术的进步，为实现信息网络的普遍覆盖和灵活应用提供了新的手段，成为电子商务向无线应用领域拓展的基础。

通信网是信息化的中枢，目前的通信网已不再作为单纯的传送信息的工具，而是融多种技术为一体。正是数据通信网的出现，使计算机通信的覆盖范围不断扩大，通信进入了网络服务阶段，出现了以公用数据网为基础的电子邮件业务、电子数据交换业务、电子号码簿业务、电子公告牌业务和电子商务业务等。严格说来，这些业务都是广义的电子商务的内容，计算机通信网络是将不同地理位置、具有独立功能的计算机、终端及各种附属设备，用通信线路连接起来，互联成一个规模大、功能强的网络系统，实现通信过程的资源共享，从而使众多的计算机可以方便地互相传递信息，共享硬件、软件、数据信息等资源。

计算机网络与通信网络的结合，使得众多的计算机不仅能够同时处理文字、数据、图像、声音等信息，而且可以使这些信息四通八达，及时与全国甚至全世界的信息进行交流。通信网为计算机之间的信息交换和传递提供了必要的手段。而信息交换和传递正是电子商务的核心内容，没有通信技术的发展，就没有信息交换和传递，电子商务也就无从谈起。电子商务的发展对通信提出了越来越高的要求，安全高速的网络传输和多媒体通信已经成为开展电子商务活动的必然要求。

移动通信是通信的双方或者至少有一方是在位置变换过程中所进行的信息交流过程，是实现电子商务的任何时间、任何地点都能进行商务活动的理想的重要手段，是下一代移动商务的技术基础，是真正实现在全球任何时间、任何地点、任何通信主体之间实现信息交流、信息利用、信息处理、信息发布的关键技术，也是实现移动电子商务的核心技术。

计算机互联网是电子商务的技术基础，电子商务离不开互联网。电子商务的发展必将对通信技术提出更高的要求，推动通信技术的发展；通信技术的发展为电子商务的新应用提供技术支撑。反过来，随着电子商务应用规模的扩大，通信基础网络所承受的信息流量将不断膨胀，这要求基础通信网络的带宽不断加大。同时，电子商务要求信息的数据化，这对传统的通信方式提出了挑战，数据化必然将成为通信网络发展的主要方向。在电子商务用户端，人们要实现网上购物、网上办公等，则需要有一个高速度的接入途径，这就对通信接入网技术的宽带化提出了要求。电子商务应用作为未来主要的信息网络应用，包交换方式较电路交换方式更适于其大范围运作，这必然会对当前的通信网络结构和通信方式的演变产生巨大的影响。

三、管理学科与电子商务

1. 管理理论与管理思想的演进

管理理论与管理思想的演进可以归结为以下几个阶段。

第一阶段：古典管理理论阶段（20 世纪初到 20 世纪 30 年代）；

第二阶段：行为科学理论及管理理论丛林阶段（20 世纪 30 年代到 60 年代）；

第三阶段：以战略管理为主的研究企业组织与环境关系的时代（20 世纪 60 年代中后期到 20 世纪 80 年代初）；

第四阶段：企业再造时代（20 世纪 80 年代到 20 世纪 90 年代初期）；

第五阶段：全球化和知识经济时代的组织管理（20 世纪 90 年代以后）。

2. 管理学科对电子商务的影响

管理理论是适应客观的经济环境而发展的，在管理发展的不同阶段，对管理技术的要求是不同的。在古典管理理论阶段，管理的实践主要是通过硬性的规章，人工的方法管理机械设备和工人，提高劳动生产率。因为这一时期是卖方市场，产品供不应求，企业管理者的主要任务是提高劳动生产率、增加供给。在行为管理阶段，企业管理的核心是从批量生产向小批量多品种的发展，企业的竞争由价格的竞争向满足顾客需求的服务竞争发展。这一阶段供应已经能够保证，消费者开始对产品提出质量的要求，质量低劣的产品已经很难出售。管理者的主要任务是生产的产品能够及时销售出去，为此就需要保证产品的质量，实行小批量多品种的生产组织，以满足不同消费者的需求。

在以战略管理为主的阶段，管理者开始采用面向未来、动态地、连续地完成从决策到实现的过程，根据所处的内外条件随机应变，使企业组织在稳定性、持续性、适应性、革新性之间保持动态的平衡。企业综合运用内部和环境的资源和信息，这个阶段信息收集和处理对管理手段提出了更高的要求，完全的人工操作已经不能适应，因而计算机开始进入管理领域。EDI 开始出现并取得长足的发展。

在企业再造时代，面对日新月异的变化与激烈的竞争，要提高企业的运营状况与效率，迫切需要业务流程重组，它是企业重新获得竞争优势与生存活力的有效途径，BPR 的实施又需要两大基础，即现代信息技术与高素质的人才。BPR 对信息处理的需要，使得计算机在企业的应用范围不断扩大，管理信息系统（MIS）和决策支持系统（DSS）迅速发展和普及，从而推动计算机软件和硬件迅速地发展，推动了计算机信息处理技术和信息交换技术的发展，为电子商务的产生奠定了企业应用的基础。

在全球化和知识经济时代的组织管理阶段，信息化和全球化浪潮迅速席卷世界，知识经济的到来使信息与知识成为重要的战略资源。企业只有能够合理组织全球资源，在全球市场上争得顾客的投票，才有生存和发展的可能。为了合理组织全球资源，除了跨国公司这种组织形式以外，又出现了虚拟企业。由此引发了后来的“虚拟组织”热。这就对信息的获取能力、加工处理能力、利用能力提出了比前一阶段更高的要求。正是这种客观的需要使得企业必须把原来的 MIS、DSS 系统相互连接起来，使具有信息传播和信息发布功能的 Internet 突飞猛进地发展，使电子商务的基础设施不断完善。

总之，任何技术的发展都是以商业需求为推动力的，作为信息处理、信息获取、信息利用的电子商务技术也不例外，管理在一步一步地推动计算机技术、信息处理、信息传递技术不断地发展、完善，直至电于信息技术和管理技术达到目前最高程度的有机融合——电子商务。

第三节　电子商务的基本概念

一、电子商务的定义

电子商务，顾名思义是通过电子计算机网络的手段所进行的商业贸

易活动，国内外各个有影响的国际组织、跨国公司都有自己对电子商务的定义。

ISO 对电子商务的定义：企业之间、企业与消费者之间信息内容与需求交换的一种通用术语。

全球信息基础设施委员会对电子商务的定义：电子商务是运用电子通信作为手段的经济活动，通过这种方式人们可以对带有经济价值的产品和服务进行宣传、购置和结算。

主要的跨国公司对电子商务则分别给出了以下定义。

Intel 公司的定义为：电子商务 = 电子市场 + 电子交易 + 电子服务。

IBM 公司的定义为：电子商务 = Web + IT。它所强调的是在网络计算机环境下的商业化应用，是把买方、卖方、厂商及其合作伙伴在 Internet、Intranet 和 Extranet 结合起来的应用。

HP 公司的定义为：电子商务是通过电子化的手段来完成商业贸易活动的一种方式。它提出，电子商务是以现代扩展企业为信息技术基础结构，电子商务是跨时域、跨地域的电子化世界（E – World），E – World = Electronic Commerce + Electronic Business + Electronic Consumer。HP 公司电子商务的范畴按定义包括所用可能的贸易伙伴、用户、商品和服务的供应商、承运商、银行保险公司以及所有其他外部信息源的受益人。

电子商务是一个全新的学科，目前有各种各样的定义不足为奇，相反，如果过早地追求统一的定义，反而限制了人们的思维而不利于电子商务的健康发展。电子商务应该是社会活动的主体之间利用电子手段与计算机手段所进行的社会和经济活动。

电子商务是指人们利用电子手段进行商业、贸易等商务活动，是商务活动的电子化。电子手段是指电子技术、工具、设备及系统，包括电话、电报、电缆、电视、传真、电子邮件、电子数据交换、电子计算机、通信网络、信用卡、电子货币和互联网。商务活动包括询盘、报价、磋商、签约、履约、支付等经济活动。狭义的电子商务

（Electronic Commerce，EC）是指人们利用电子手段进行以商品交换为中心的各种商务活动，是指厂家、商业企业、工业企业与消费者个人双方或多方通过计算机网络，主要是互联网进行的商务活动。广义的电子商务（Electronic Bisiness，EB）是指各行各业（包括政府机构和企业、事业单位）中各种业务的电子化，又可以称作电子业务，包括电子商务、电子政务、电子军务、电子医务、电子教务、电子公务、电子事务、电子家务等。

电子商务的基本组成见图 1－1。

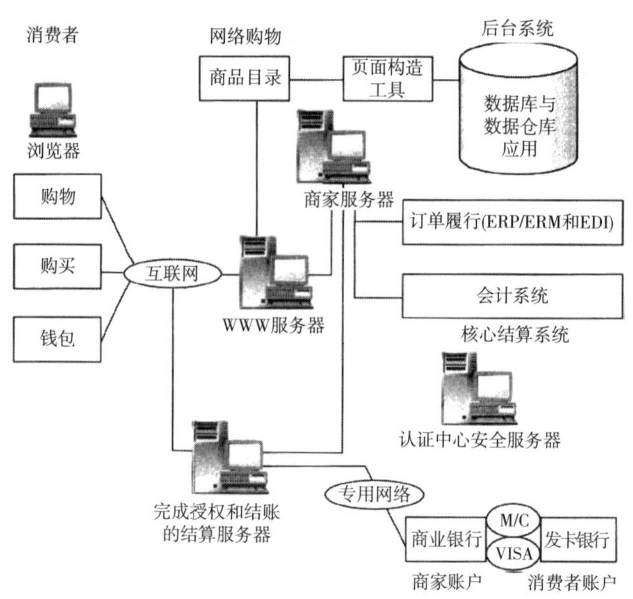

图 1－1　电子商务系统组成

总的来说，电子商务由以下几部分组成：①网络；②电子商务用户；③认证中心；④配送中心；⑤网上银行；⑥商务活动管理机构。

二、电子商务的硬件工作平台

电子商务的硬件工作平台是数据通信网络即计算机和通信相结合而产生的一种新的通信方式。由三部分组成：①数据通信的传输介质；②数据通信系统；③计算机网络。

三、电子商务的软件工作平台

电子商务的软件工作平台如图 1－2 所示。

图 1－2　电子商务软件平台

第四节　电子商务与推荐系统

Internet 上信息的高速扩张，使信息的使用者面对海量的信息无所适从，目前人们面对的最大的困难不是缺少信息，而是如何在“信息爆炸”的时代准确地获取有用的信息，我们把这种现象称为“信息迷航”。这种信息的供需不平衡现象在电子商务领域中尤其突出。为了缓解这种现象需要将信息由传统的被动获取转化为主动推送。目前解决这一问题的方法主要有两种，分别为信息检索和信息过滤。信息检索分为分类检索和关键字检索，前者将信息按照信息的特征进行分类，并形成分类目录，信息访问者依据其访问兴趣选择相应的目录类别，进而发现有用的信息，后者通过对信息进行预处理和存储，用户通过输入所需信息的关键字，系统将用户关键字与预存储的信息进行匹配比较，将匹配度最高的信息向用户呈现，搜索引擎就是这种方式的典型代表。

信息过滤则是指计算机根据用户兴趣特征提供的一个个性化需求模板（兴趣模板），从动态变化的信息流中，对满足用户兴趣需求的信息进行自适应检索，实际上这种方式与信息检索有异曲同工之处。信息过滤经常采用推荐软件来实现，这些推荐软件具有一定程度上的自主性，能智能地代表用户。

从目前的应用来看，信息过滤在很多领域已经取得了不错的成绩，如用户邮件过滤、用户的新闻过滤系统，以及不良信息过滤和网络检索中的非相关信息过滤等，无论信息过滤的内容有什么不同，其核心均为基于用户的过滤规则。虽然信息过滤的应用领域非常广泛，且采用的实现技术也不完全相同，但他们均具有以下几个特征：

①过滤的数据均为半结构化或者无结构信息（如网页，邮件）；

②过滤系统均对海量信息进行处理；

③过滤对象绝大部分为文字，图片或者声音等类型的数据；

④系统目标主要是在海量数据内根据用户主体偏好对无关数据进行屏蔽过滤。

信息过滤主要的特点如下：

（1）待过滤数据源是动态的

过滤技术是针对海量的，随时动态变化的数据进行提取，其核心目标是为当前用户发现与其偏好最相近的信息从而过滤掉无关信息，如果信息量过小，或者信息量比较稳定，信息过滤便失去其意义。

（2）信息使用者的长期性

信息过滤技术能够给用户提供更方便，更具有针对性的服务，能够有效地保留老客户，同时吸引新客户。这也同时要求只有信息使用者为长期用户才能更好地发现用户偏好，提供个性化的服务。

（3）用户偏好兴趣的独立性

信息过滤技术能够根据用户特征，并将动态信息与用户特征匹配实施有针对性地个性化服务。

分类系统作为另一种信息检索的方法，其核心思想为依据信息内容

的特征，将不同的内容划分到不同的目录类下，在分类系统中，目录类相对是固定的，信息内容所属类别也是稳定的。而动态的信息过滤则依据用户兴趣的改变和数据信息的改变为当前用户进行有针对性的信息提供。

虽然信息检索和信息过滤从概念上来看非常相似，其推出的目的都是为了在海量的数据中及时有效地发现用户所需要的数据，两者核心技术也有相似之处，但通过以上分析我们同时也发现信息检索和信息过滤又是两个有区别的不同的概念。

信息过滤技术在电子商务中的典型应用就是电子商务推荐系统，网络购物环境中，用户面对急剧扩大的产品规模通常无所适从，在真实购物环境中推销人员针对用户特点提供的个性化推荐服务也是提高成交率和销售量的有效手段，受其启发，互联网环境下采用信息过滤技术的电子商务推荐系统应运而生。

电子商务推荐系统通过对用户历史访问日志、购物交易记录及用户对产品评分，评价信息的处理（这些数据我们称为评价基础数据），发现用户购物偏好并应用某种推荐方法向其推荐产品，推荐系统在拓展了新客户的同时有效地保留了老客户，并提高了网站的交叉销售能力，目前在很多主流电子商务网站都得到了很好的应用。电子商务推荐系统的作用主要表现在以下三个方面：

①将电子商务网站的浏览者转化为实际的购物者；

②提高电子商务网站的交叉销售能力；

③提高电子商务网站客户的忠诚度，增加客户的黏性。

研究表明有效的电子商务推荐系统能够提高网站销售额的8%～10%。

第五节　电子商务推荐现阶段问题

国内外文献目前提出的电子商务推荐系统，依据其采用的核心技术可以分为基于内容的推荐、协同过滤推荐和混合推荐。无论采用哪种推荐技术，推荐质量和实效性的保证需要以下几个因素：基础评价数据的完整性、推荐方法的准确性、计算复杂度的适宜性。国内外学者正是从这几个因素着手研究，以尽可能提高推荐系统的推荐质量。

在保证基础评价数据的完整性上，目前多采用数据补值和数据预测的方法，尽可能地对未知数据进行补充。在推荐方法上国内外也已经推出了一些主流的推荐方法，如协同过滤推荐、基于内容的推荐、关联规则推荐、混合推荐、基于效用的推荐、基于知识的推荐，它们都在特定的购物环境以及领域中得到了比较好的应用。在计算复杂度上目前多采用数据降维或者将离线处理和在线推荐相结合的方法，如评分矩阵奇异值分解法、产品分类树降维法，这些方法一定程度上保证了推荐系统的效率。尽管我们能够看到推荐系统质量的提高受以上三个因素所限制，已有一些研究已经分别从不同瓶颈因素的角度对推荐系统进行改进，但通过文献回顾，一些问题仍需要我们研究和解释。

一是在基础数据完整性处理上，缺乏系统的数据挖掘和处理方法，同时需要一种有效的未知评价数据的预测方法以保证基础评价数据的完整性；在推荐方法上存在推荐算法过于单一，自适应性程度偏低，个性化、持久性推荐较差等问题，不能充分发挥各种推荐方法的优势针对不同推荐环境进行自适应推荐。在计算复杂度上，现有的推荐方法虽然在一定程度上降低了计算复杂度，但我们同时可以看到有些方法在降低了计算复杂度的同时也降低了推荐质量，如何综合应用现有方法，在不降低推荐质量的前提下降低计算复杂度、提高推荐效率也是目前需要研究的问题。

二是现有的研究多从一个角度进行改进，缺少一种从基础数据、推荐方法、计算复杂度三个角度进行电子商务瓶颈问题分析并提出解决的机制，如何从系统角度对推荐系统推荐质量进行研究并进行改进，以有效集成到一个完整的推荐系统框架内也是目前亟待解决的一个问题。

第六节 本书的主要工作

一、本书的研究意义

理论研究的落后是影响推荐技术进一步发展的直接原因，我国现有的推荐系统从推荐的深度、规模性和质量方面都跟国外有较大的差距，所以借鉴国外最新的推荐理论和方法进一步改进现有推荐系统，提高推荐准确度，推荐质量对于我国电子商务发展有着重要的意义。

本书的理论意义：

①对协同过滤推荐技术的稀疏性数据的搜集、处理以及预测进行深入研究，提出一种解决电子商务推荐数据完整性的方法，在保证数据完整性的同时，预测的未评价数据有较高的准确性。

②依据消除稀疏性后的数据，提出一种自适应性较强的相似用户聚类方法，能够准确地得到相似用户聚类簇，使推荐具有较高的准确性。同时结合多种推荐方法的优势，取长补短以提高推荐质量。

③将离线计算与在线推荐相结合，同时基于 Vague 集理论提出一种产品分类树生成方法，并基于产品分类树提出一种有效的降低数据处理复杂度的相似用户聚类方法和基于产品分类树的关联规则挖掘方法，保证推荐的时效性和准确性。

本书的实践意义：

①提出一种自适应性较强的电子商务推荐系统，提高推荐的实时性，以及推荐精度。为电子商城在线推荐提供实践指导，在吸引潜在客户的同时保留老客户，尽可能地提高企业利润。

②利用推荐技术对在线商城营销进行重新定位，对电子商务发展具有指导和借鉴意义。

二、本书的主要内容

根据对目前该领域的理论研究及目前典型推荐系统的分析，本研究认为电子商务推荐系统推荐质量的影响因素主要受基础评价数据不完整所导致的数据稀疏性问题；推荐方法单一，自适应性较差问题；数据计算复杂问题三个方面所致。本研究力求针对评价数据的稀疏以及推荐方法单一所导致的推荐质量不高，数据计算复杂所引起的推荐实时性差等问题，提出相应的解决方案，并设计与实现一种数据完整、推荐方法合理、计算维度适宜的推荐系统。

1. 推荐系统因数据稀疏所引起的问题及改进机制

通过文献综述可以看到，已经有大量学者意识到推荐系统基础评价数据是否完整对推荐系统的重要性，并从这个角度展开做了一定的研究工作。

本研究认为，用户评价数据收集包括显性数据收集和隐性数据收集两部分，显性评价数据可以从服务器数据库或服务器端文件中得到，其原始数据为用户对产品的评价值，若有 M 个用户，N 件产品可形成一个 M 行 N 列的二维显性评价矩阵。显性评价数据直接、准确，是用户偏好的真实表达，能准确地反映用户的购物兴趣，但因用户评价的不完整会导致评价矩阵稀疏。目前有一些研究采用隐性评价矩阵获取用户购物偏好以实施推荐，但隐性评价矩阵相对显性评价矩阵的准确性可能会有所降低，所以本书以显性评价数据作为推荐系统的基础数据，通过对其预测处理以尽可能地保证基础评价数据的完整性。虽然本书推荐实施所用到的基础数据为显性数据，并没有涉及隐性数据，但我们不可忽略隐性数据中所蕴含的丰富的信息对推荐系统的价值，所以在结论与展望中作者提到了隐性数据获取及其与显性数据的集成将是作者将来重点研究的一个问题。

由于获取的用户显性评价数据是不完整的，所以本书下一步研究的重点将采用神经网络对稀疏评价矩阵进一步进行平滑预测处理。稀疏数据的平滑预测指利用现有的评价信息进行预测，以期获得未评价项目的评价信息分值，从而得到完全评价矩阵（消除稀疏性后的矩阵）。文中我们将应用 SOM 神经网络对相似用户进行预聚类，基于预聚类内相似

用户的现有评价值进一步利用 RBF 神经网络对评价矩阵内的缺失数据进行平滑预测处理，该阶段中，输入层数据与输出层期望输出数据的格式及取值范围、SOM 聚类神经元数量的选择、神经网络训练次数、RBF 神经网络的激活函数的选择、隐藏层至输出层权重的设定等将是我们重点研究的问题。

综上所述，本课题力求通过神经网络的缺失评价值预测，最大限度地消除因数据稀疏所引起推荐质量不佳的问题。

2. 推荐系统因推荐方法单一所引起的自适应性差，推荐质量不高等问题研究及改进机制

基于关联规则挖掘的推荐方法与协同过滤推荐方法是目前两个研究热点，现阶段也取得了非常优秀的成果。基于关联规则挖掘的推荐必须分析产品的内在关联信息，并在具有强关联规则的产品之间进行交叉推荐，受其推荐原理所限，其无法很好地针对用户的个性化偏好实施推荐，且无法分析推荐项目的质量，更无法提供满足客户新兴趣需求的推荐。协同过滤推荐技术根据用户之间或产品之间的相似性产生推荐结果，具有较好的推荐质量，协同过滤推荐能够发现用户购物偏好从而进行针对性推荐，能够发现用户新感兴趣的项目，作为一种典型的推荐技术有相当的应用，但其仍有许多问题需要解决。最典型的有稀疏问题和冷启动问题，除此之外，还有新用户问题和算法健壮性等问题，而关联规则恰好可以弥补协同过滤推荐的冷启动问题。综上所述，单一的推荐方法已经很难满足越来越复杂购物环境的需要。基于以上问题，本课题提出针对不同购物环境，将关联规则挖掘和协同过滤推荐结合起来，以解决目前推荐方法单一、自适应性差等问题。

3. 数据计算复杂所引起的推荐实时性差，推荐系统可扩展性差等瓶颈问题研究及改进机制

Sarwar 教授提出的奇异值分解法可以将用户评价矩阵降维从而减少数据计算量以降低计算复杂度，但会存在数据丢失问题，从而引起推荐质量降低。Y. H. Cho 和 J. K. Kim 于 2004 年提出对产品进行分类，在不同产品类内分别实施推荐以降低计算复杂度，并进而提出产品分类树思想，该思想提出的产品分类多依据市场经理和领域专家的经验进行分类，随着市场规模的扩大，产品数量的增加这无疑会增加他们的负担。

Liu 教授于 2005 年提出基于产品分类树理论，在不同的产品类别之内实施相似用户聚类以实施推荐，但其提出的产品分类的依据多借助于领域专家的经验，受领域专家的经验和工作效率影响，产品分类的效率和精确度有待于进一步提高。针对此问题本书提出一种基于 Vague 集理论的产品分类树生成方法，Vague 集理论提供了一种更精确的产品特征度量方法，Vague 集理论最早起源于 Fuzzy 集理论，在 Fuzzy 集基础上，又引入了真隶属度和假隶属度的概念，提出了针对不同区间的隶属程度，即隶属于该区间的支持证据和反对证据的程度，以及隶属于该区间的中立的程度，在此基础上进而提出了 Vague 集相关理论。崔春生于 2011 年指出在信息推荐中，Vague 值可以表示不同的含义，对于相似性来说，代表了相对精确的接近程度，借鉴 Vague 的研究成果，我们利用 Vague 值进行商品特征的表示，可表达商品相对精确的接近程度，通过 Vague 集理论可以定义产品的特征属性，确定产品特征的肯定隶属度和未知度，从而采用 Vague 值进行产品特征表示，本书利用 Vague 集理论对产品特征进行提取，并利用 Vague 值表示。

商品的特征如果能够较为准确地用 Vague 值去表示，那么我们可以用两个商品 Vague 值之间的相似度来表示商品之间的相似程度，王伟平在其发表的论文中给出了 Vague 值相似性计算的公式，本书借鉴其思想利用产品特征 Vague 值进行产品相似性度量，进而将相似产品聚类，形成不同产品聚类，在此基础上利用产品特征的隶属关系确定产品类别之间的隶属关系并最终形成产品分类树。基于 Vague 集理论得到的产品分类树对其产品以一种树形结构进行分类，它可以将较低层次的产品归属到一个其上层次的产品类中去，其叶子节点通常表示一种具体的库存产品，若干个同一类型的叶子节点组成其上层产品节点类。同时产品分类树所形成的产品之间的概念层次有效解决了关联规则挖掘所遇到的难发

现强关联规则的问题，即当在具体的产品之间很难发现有效地关联规则时，我们将关联规则挖掘提升到产品上层的产品类之间的关联规则挖掘，从而提高了关联规则的支持度和置信度，保证了推荐的有效性。

在此基础上，通过对市场环境，竞争对手情况，不同产品类的相对重要性以及风险分析，选取产品分类树中的一些节点（或产品类）作为“种子类”，“种子类”通常为企业具有战略优势的产品，也是我们推荐的重点，所以“种子类”的预设是下一步工作的基础。本课题在产品分类树基础上，依据客户购买兴趣度与购买热度来鉴定种子类与种子产品，在“种子类”内进行用户相似性的计算，相似用户的聚类，以及聚类内的关联规则挖掘，该方法可有效的缩减产品维度空间，降低计算复杂性，同时依据“种子类”对客户进行细分，提高推荐的针对性。

同时本书结合采用离线计算与在线计算相结合的方法来提高推荐效率，即将数据计算量比较大的数据预处理、相似性计算、聚类处理等计算放在离线阶段进行，而将推荐阶段在线进行，充分发挥服务器性能。

4. 推荐系统实施与评价

本书采用互联网上的公开日志信息进行推荐质量的评价。将测试记录分为训练集和测试集，训练集和测试集比重分别为80%、20%。目标用户选择在训练阶段和测试阶段都至少有20次评分记录的用户。在训练集数据空间内进行数据预处理与推荐修正。在测试集空间实施推荐，并将推荐结果与实际用户评价值进行比较度量，通过平均绝对误差的比较验证了本书提出的推荐方法的有效性。

三、本书的基本思路与研究方法

本书所提出的个性化推荐系统包含5个阶段：

1. 基于 Vague 值理论生成产品分类树

该阶段的工作主要用到 Vague 集理论，Vague 值相似性理论以及产品分类树等相关理论对产品进行分类，并生成产品分类树，是降低电子商务推荐计算复杂度，实施产品关联规则挖掘的基础。

2. 相似用户 SOM 神经网络预聚类

该阶段工作主要用到SOM神经网络聚类理论，通过SOM神经网络的相似用户聚类处理，为相似用户之间的评分值预测打下基础。

3. 未知购物偏好的 RBF 神经网络预测

该阶段工作主要用到RBF神经网络的非线性预测理论，通过其预测处理获得用户未评价项目的预测评价值，进而补值用户评分矩阵，从而消除基础评价数据的稀疏性问题。

4. 协同过滤与关联规则挖掘推荐实施

该阶段工作依据不同的购物情景，用户特点选择相应的推荐方案以实施推荐，多种推荐方法的结合使得推荐准确度更高，该阶段工作主要用到协同过滤推荐、关联规则推荐、排行榜推荐等多种推荐方法。

5. 推荐质量实验评价

该阶段工作将会从计算复杂度、推荐精度等指标上验证本书提出方法的有效性。基本研究思路与各阶段研究方法如图1－3所示。

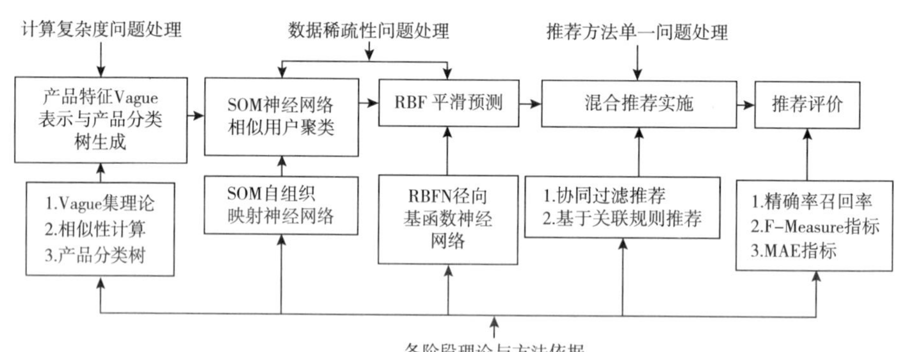

图1－3 本书研究思路

本书的重点难点：

①如何借鉴Vague集理论对产品特征进行提取与表示，如何基于产品特征的Vague值表示进行产品相似性计算，在此基础上进行产品分类树的生成与种子类预设是本书研究的重点。

②如何对顾客显性偏好进行挖掘、识别与表示，如何利用 SOM 与 RFBN 神经网络对稀疏偏好矩阵进一步平滑预测处理，以获取未知偏好，是本书难点也是本书的重点。

③协同过滤与关联规则相结合混合推荐模型的建立，针对不同情景如何动态地选取相应推荐模型以使得不同推荐模型进行互补。同时如何基于“产品分类树”结合“离线计算与在线推荐”降低计算复杂度也是本书研究的重点。

本书基本观点：

①计算复杂度的降低应从数据维度降低和计算方法优化两个角度综合考虑，提出一种基于 Vague 集的产品分类树生成方法，在种子类内进行处理和推荐，“产品分类树”结合“离线计算和在线推荐”有效降低了计算复杂度，同时将推荐定位于公司的优势产品。

②推荐系统应充分考虑到评价数据中所蕴含的重要信息，本研究力求对显性评价数据充分挖掘，并提出利用 SOM 与 RBFN 神经网络进行预测处理以获取用户未知偏好，尽可能地消除数据稀疏性问题对协同过滤推荐算法的影响，从而提高协同过滤推荐的精度。

③每种推荐算法都有其固定的使用领域，不同的推荐方法在不同的推荐环境也表现出了不错的效果，没有通用的推荐技术，协同过滤和基于关联规则的推荐是目前比较成熟的两种方法，本书提出将协同过滤与关联规则挖掘相结合，并在传统协同过滤聚类的方法上加以改进，充分发挥不同推荐方法的优势以进行互补，尽可能地提高推荐质量。

第七节　本书的组织结构

第一章引出了电子商务推荐系统的概念，以及国内外推荐系统的研究现状，提出了本书的研究角度及研究意义，同时阐述了本书的主要工作以及本书研究的基本思路和主要研究方法。

第二章对目前主流的电子商务推荐系统及其所采用的核心技术特别

是协同过滤推荐和关联规则挖掘推荐做了详细的介绍，并指出了每种推荐算法优缺点及适用领域，对不同推荐算法进行比较。

第三章介绍了基于 Vague 值的项目特征提取与表示方法，详细介绍了 Vague 值理论的基本思想及其在电子商务推荐系统应用中的优势，并基于项目特征的 Vague 值表示进行项目相似性计算，进而将项目聚类产生产品分类树，对项目聚类过程及产品分类树生成过程做了详细介绍。

用户对产品评价值的缺失会导致评价值的稀疏，稀疏的评价数据会严重影响推荐系统的质量，本书第四章提出了一种基于神经网络的评价值预测方法，并且阐述神经网络的基本原理及 SOM 神经网络与 RBF 神经网络对稀疏评价数据进行预测处理的过程，并通过实验进行分析验证了预测的准确度。

第五章描述了本书电子商务推荐系统的实施过程，指出了本书相对于传统协同过滤推荐的改进机制，同时对协同过滤算法的冷启动问题，扩展性问题（计算复杂度问题）提出了解决方案。

第六章基于电子商务推荐系统的评价指标，从不同的实验角度对本书推荐结果进行了实验验证，通过实验分析验证了本书提出的推荐系统的优势。

第七章对全书进行总结，并对电子商务推荐系统的进一步发展进行了探讨。

第二章　电子商务推荐及其相关技术评析

电子商务推荐系统通过对基础的用户评价数据进行分析处理，获取用户购物偏好，然后应用某种具体的推荐方法实施推荐，将用户最可能感兴趣的产品推荐给用户。在这个过程中基础评价数据是否完整将会影响到推荐系统是否能够准确地获取用户购物偏好，推荐方法是否准确将会影响推荐质量与精度，基础评价数据的分析处理以及推荐方法的计算复杂度将会影响推荐系统的推荐效率和系统的扩展性。所以一个优秀的推荐系统要求具备完整的基础评价数据，准确的推荐方法以及适宜的计算复杂度。本章首先介绍了电子商务推荐系统的相关概念，然后对目前国内外参考文献进行梳理，阐述了针对这三个问题的目前研究现状，随后对目前主流的推荐技术做了详细的介绍并进行评析。

第一节　电子商务推荐系统

电子商务中的推荐系统是利用数据挖掘等技术，分析访问者在电子商务网站的访问行为，产生能帮助访问顾客访问感兴趣的产品信息的推荐结果。

电子商务系统规划与建设本来就包括数据库系统的建立，技术含量不是特别高的电子商务推荐系统就是在原有的数据库系统上新添的利用数据挖掘技术对动态的客户访问所返回的数据加以分析并调出客户可能感兴趣的产品目录。

根据系统功能设计的要求以及功能模块的划分，数据库的设计相对较简单。除用于销售商品的电子商务网站中所必需的基本数据库表，如商品信息、用户信息、网站信息等外，还应包括用于初始化数据设置的参数表、仅对有评分商品推荐起作用的顾客商品评分表、顾客商品购买记录表、商品聚类表、顾客聚类表、商品推荐表。

随着互联网的普及和电子商务的发展，电子商务系统在为用户提供越来越多选择的同时，其结构也变得更加复杂，用户经常会迷失在大量的商品信息空间中，无法顺利找到自己需要的商品。电子商务推荐系统直接与用户交互，模拟商店销售人员向用户提供商品推荐，帮助用户找到所需商品，从而顺利完成购买过程。在日趋激烈的竞争环境下，电子商务推荐系统能有效保留用户、防止用户流失，提高电子商务系统的销售。

推荐系统在电子商务系统中具有良好的发展和应用前景，逐渐成为电子商务 IT 技术的一个重要研究内容，得到越来越多研究者的关注。

电子商务推荐系统在理论和实践中都得到了很大发展。但是随着电子商务系统规模的进一步扩大，电子商务推荐系统也面临一系列挑战。针对电子商务推荐系统面临的主要挑战，本书对电子商务推荐系统中推荐算法设计以及推荐系统体系结构等关键技术进行了有益的探索和研究。本书的研究内容主要包括电子商务推荐系统推荐质量研究，电子商务推荐系统实时性研究，基于 Web 挖掘的推荐系统研究以及电子商务推荐系统体系结构研究。

一、电子商务推荐系统及构成

电子商务推荐系统（Recommendation Systems for E – Commerce）的定义是：利用电子商务网站向客户提供商品信息和建议，帮助用户决定应该购买什么产品，模拟销售人员帮助客户完成购买过程。

推荐系统面对的是用户（user），任务是为用户提供对项目（item）的推荐。用户是指推荐系统的使用者，也就是电子商务活动中的客户。项目是被推荐的对象，是指电子商务活动中提供给客户选择的产品和服

务，也就是最终推荐系统返回给用户的推荐内容。在一个电子商务活动中，用户数和项目数是非常多的。推荐系统面对的当前用户，称为目标用户或者活动用户。推荐系统的当前工作，就是根据一定的算法，给出对目标用户的推荐项目。

电子商务推荐系统主要由三大部分构成：输入模块、推荐方法模块和输出模块。输入模块用来接收用户的输入信息，用户的输入信息中最重要的是用户对项目的评价（rating）数据。推荐方法模块用来根据一定算法，根据用户数据，得出对目标用户的推荐，该模块是整个推荐系统的核心部分，个性化推荐方面的研究的很大一部分，都集中在找到好的推荐方法。输出模块主要是指得到的推荐以何种形式反馈给用户。

根据项目的特点，目前主要有两种类型的推荐系统：一种是以网页为对象的个性化推荐系统，主要采用 Web 数据挖掘的方法与技术，为用户推荐符合其兴趣爱好的网页；另一种是网上购物环境下的、以商品为推荐对象的个性化推荐系统，为用户推荐符合其兴趣爱好的各类产品，如各种书籍、音像等，这种推荐系统也称电子商务个性化推荐系统。

二、电子商务个性化推荐系统的作用

电子商务推荐系统最大的优点在于它能收集用户兴趣资料并根据用户兴趣偏好为用户主动做出个性化的推荐，也就是说，当用户每次输入用户名和密码登录电子商务网站后，推荐系统就会按照目标用户偏好程度的高低推荐用户最喜爱的 N 个产品，而且系统给出的推荐是实时更新的，也就是说当系统中的产品库和用户兴趣资料发生改变时，给出的推荐序列会自动改变，大大方便了用户，也提高了企业的服务水平。

总体说来，电子商务推荐系统的作用主要表现在以下几个方面：①使用户从无限的网络资源和商品世界中解脱出来，大大节约了用户采购商品的时间和成本；②推荐系统的个性化推荐服务，提高了客户对电子商务网站的忠诚度（Building Loyalty），将更多的电子商务网站浏览者转变为商品的购买者，从而提高电子商务网站的交叉销售能力（Cross - selling），为电子商务企业赢得了更多的发展机会。

研究表明，在基于电子商务的销售行业使用个性化推荐系统后，能提高2% ~8%的销售额。尤其在书籍、电影、CD音像、日用百货等产品相对较为低廉且商品种类繁多的行业和用户使用个性化推荐系统程度高的行业，推荐系统能大大提高企业的销售额。

电子商务推荐系统和销售系统（Marketing Systems）、供应链决策支持系统（Supply - chain Decision - support Systems）既相似又有不同。销售系统是帮助销售人员如何把产品销售出去；推荐系统最终目的帮助用户，辅助用户购买什么产品做出决策。供应链决策支持系统是帮助生产者决定什么时候生产多少什么产品，以及仓库应该存储多少各类产品，其最终目的是为企业生产者服务的，而同样推荐系统是面向用户的系统。

三、电子商务个性化推荐系统的研究内容

电子商务个性化推荐的研究有四方面的问题：首先，要解决推荐系统的信息来源问题——推荐系统的基础是用户兴趣资料信息，如何在电子商务环境下尽可能获得更多用户的相关信息，并以合适的形式表示是进行个性化推荐的前提；其次，要实现被顾客接受和认可的个性化推荐，设计准确、高效率的个性化推荐算法是核心；再次，要让推荐系统为广大用户所接受，必须对推荐系统作出客观、综合的评价，尤其要注意从准确率、个性化、安全性、用户满意度等多方面进行评价；最后，推荐系统的应用是最终研究的落脚点，推荐系统不仅能为用户提供完全个性化购物环境，更应为企业的销售决策和客户关系管理提供支持。

在电子商务环境下，用户信息收集表示是电子商务个性化推荐的基础。根据当前对电子商务环境下用户信息收集表示的研究来看，主要着眼于研究如何有效地收集能反映用户兴趣偏好的信息，以及如何通过网

络数据挖掘等的方法更自动化地收集用户的隐式信息，解决用户信息收集过多的依赖于显式评价数据的问题。

个性化推荐技术是电子商务自动化推荐系统的核心问题。目前的推荐技术有协同过滤推荐（包括基于用户的和基于项目的）、基于用户人口统计信息的推荐、基于内容的推荐、基于效用的推荐、基于知识的推荐、基于规则的推荐等。协同过滤推荐是个性化推荐中研究和应用最多的方法，广泛应用于电子商务网站、数字图书馆、网页搜索、新闻过滤等，著名的推荐系统有 Tapestry、GroupLens/NetPerceptions、Ringo/Firefly 等。其前提假设是存在具有相似兴趣爱好的用户群，每个用户都有与其兴趣爱好相似的邻居用户。预测用户对某一项目的偏好是根据邻居用户对该项目的偏好程度计算的，也就是说如果其邻居用户喜爱某项目，则该用户也很可能会喜爱该项目。协同过滤最大的优点是不需要分析对象的特征属性，所以对推荐对象没有特殊的要求，能处理非结构化的复杂对象，如音乐、电影等。

对推荐系统总体性能的评价是推荐系统研究的重要组成部分。目前大都只是采用准确率、召回率等评判尺度对推荐算法进行评价，并没有真正意义上的、提升到对整个推荐系统进行的评价，尤其缺乏从个性化程度、持久性程度、系统的安全性以及用户接受程度等多方面对推荐系统进行综合的评价。

四、推荐典型案例

推荐行为产品或其他项目的软件代理已经在许多电子商务领域应用中使用。为了增加购买经验并满足客户的需求，他们已经推出了充分利用消费者的访问和购买行为的推荐系统。推荐者通常通过给用户展示他们可能感兴趣的产品或服务来促进购买。诸如 Amazon. com 就是通过利用偏好或其他用户购买信息来介绍书籍或者其他产品给用户的推荐系统。然而，使用的技术相当简单，而且并非很精确和有效。基本上，程序将当前客户购买的一系列产品与其他客户购买的一系列产品作比较，选择客户购买较多的产品与当前客户购买的产品集合的交集，最后从中选出一些尚未被客户所购买而仍然在顾客购物篮中的产品，并将它们作为推荐列表呈现给客户。该技术也用于类似于协作过滤的文本文档的信息抽取。电影或音乐唱片的推荐，例如 Moviefrnder. com，通过预知一个人的偏好与其他人偏好的线性权重集合，并运用协作过滤技术来实现对于推荐系统的研究，其可分为三个种类：技术系统开发研究、用户行为研究和隐私问题研究，其中技术系统开发是重点。目前各种推荐技术，例如数据挖掘、代理和推理，都已经应用到了推荐系统中。现存的推荐系统从广义上可以划分为基于规则的系统和信息过滤系统。信息过滤系统又可分为基于内容过滤的系统和协作过滤系统两种。

基于规则的系统，例如 IBM 的 WebSphere、BroadVision、ILOG 等。它们允许系统管理员根据用户的静态特征和和动态属性来制定规则，一个规则本质上是一个 if - then 语句，规则决定了在不同的情况下提供不同的服务。基于规则的系统，其优点是简单、直接；缺点是规则质量很难保证，而且不能动态更新。此外，随着规则的数量增多，系统将变得越来越难以管理。

基于内容过滤的系统，例如 Personal WebWather、SysKill & Webert、Letizia、CiteSeer、if Web、SIFTER、PVA、WebMate、WebACE、ELFI 和 WebPersonalizer 等。它们利用资源与用户兴趣的相似性来过滤信息。基于内容的推荐系统通过将顾客的偏好与产品内容自动匹配来给顾客提供建议，例如网页和消息条目的推荐。在基于内容的系统中，产品由其普通属性描述。顾客偏好通过分析产品比率以及相应的产品属性来预测。基于内容过滤的系统，其优点是简单、有效；缺点是难以区分资源内容的品质和风格，而且不能为用户发现新的感兴趣的资源，只能发现和用户已有兴趣相似的资源。在基于内容的推荐系统中，一个核心问题是识别关键属性集合。如果该集合太小，显然，这对于识别用户剖面是不充分的。因此，基于内容的推荐系统不能用于仅仅实施一次购买行为的新顾客，或者访问了该网

站却没有实施任何购买行为的潜在顾客，以及购买他不是特别经常购买的一种产品的顾客。

协作过滤系统，例如 WebWather、Let'sBrowse、Tapestry、GroupLens、Fab、Alexa、Firefly、SELECT、LikeMinds 和 Site - Seer 等。它们利用用户之间的相似性来过滤信息。协作性的推荐系统估计顾客对特定产品的偏好是根据顾客对该产品的偏好率以及其他顾客对同一产品的偏好率的比较来实现的。协作性的推荐系统与基于内容的推荐系统之间的主要区别是协作性的推荐系统通过跟踪一组顾客过去的行为来给该组中的个别顾客提供建议。使用该方法，顾客现在就可以接受建议，而在基于内容的推荐系统中，只要具有相似意向的其他顾客的偏好，顾客就已经具有先前预测了。基于协作过滤系统的优点是能为用 Web 数据挖掘的研究及其在网络学习个性化推荐中的应用中发现的新的感兴趣的信息。缺点是存在两个很难解决的问题：一个是稀疏性，即在系统使用初期，由于系统资源还未获得足够多的评价，系统很难利用这些评价来发现相似的用户；另一个是可扩展性，即随着系统用户和资源的增多，系统的性能会越来越低。协作性的过滤方法用来识别与既定客户具有相似兴趣的顾客，所推荐的产品也是这些既定客户喜欢的产品。该方法的一个主要局限是稀疏问题。在基于协作过滤的推荐系统中，很难精确确定相似客户和识别要推荐的产品。不仅如此，系数问题的极端形式是 first - rater 问题，当市场引入一种新产品时，不存在可用的先前估计信息。

还有一些个性化服务系统，例如 WebSIFT、FAB、Anatagon - omy 和 Dynamic Profiler 等，同时采用了基于内容过滤和协作过滤这两种技术。结合这两种过滤技术可以克服各自的一些缺点，为了克服协作过滤的稀疏性问题，可以利用用户浏览过的资源内容预期用户对其他资源的评价，这样可以增加资源评价的密度，利用这些评价再进行协作过滤，从而提高协作过滤的性能。

近来，许多互联网公司还引进了有关信息产品的推荐系统，它包括

Web 站点推荐、音乐推荐、视频推荐、书籍推荐等（例如 Amazon. com 以及 CDNow. com 等）。互联网行销代理机构运用推荐系统对某一广告公司推荐用户（例如 Active Agent Werbenetz）。

Amazon. com 通过将书籍推荐给已经购买过特定书籍的顾客实现个性化推荐的。Amazon. com 所推荐书籍概括地可分为两种：小说书籍和非小说书籍。小说书籍的推荐很简单，就是将同一作者的其他小说书籍推荐给特定用户，这样最终就将由该作者撰写的相似类别的小说书籍推荐给了有相似背景的用户。而非小说书籍的推荐将是将每个作者的相似类别的小说书籍推荐给了有相似背景的用户。

综合目前电子商务中个性化推荐系统的现状可以看出，现存的个性化推荐系统技术大都是基于规则的系统、内容过滤的系统以及协作过滤系统三种。而且，这些个性化推荐系统所运用的技术也仅仅限于基于内容的过滤，KNN（K – Nearest Neighboring）技术，基于聚类的（Clustering – based）协作过滤，基于项目的（Item – based）协作过滤、序列模式、规则分析等。由于这些推荐系统各自应用范围的局限，而且都不同程度地需要人工参与，因而导致目前推荐系统的推荐精确度较低。不仅如此，大多数个性化推荐系统只是给用户推荐一些不同类别的资源，这与普通的搜索引擎比较相似，而且对用户正确行为的推荐却比较少。

未来电子商务推荐技术研究的发展主要体现在以下两个方面：

（1）组合推荐技术的研究。众所周知，现存的推荐技术已经得到推广和应用，但各种技术都存在一些缺陷，能否将各种推荐技术融合起来做到取长补短是未来电子商务推荐技术研究的重要课题。

（2）推荐技术准确度的研究。目前的推荐技术推荐的准确性还得不到保证，准确度的研究还局限在手工实验阶段，因此，研究出自动的准确性验证理论模型就显得非常重要。数据获取方面，主要还是依赖用户的显式评价，在自动获得用户的隐式信息方面做得不够。研究过于集中解决推荐算法性能的提高，对推荐系统的开发与应用，尤其是与企业

其他系统的集成应用，在辅助企业的市场销售，客户管理和企业商务智能方面缺乏研究。

第二节 国内外研究现状

一、基础评价数据的完整性研究现状

推荐系统的基础评价数据可以分为显性数据和隐性数据。显性数据主要包括：用户注册信息、用户对产品的显性评分、用户历史交易记录、用户评论、产品关键字属性等。隐性数据一般指通过 Web 数据挖掘技术获得的数据，如用户访问路径、产品关联规则、用户会话识别、用户隐式浏览、Web 日志信息等，完整的基础数据可以使得推荐系统更准确地获取用户购物偏好，从而提高推荐的准确性，但随着网站规模的扩大，网站产品和用户会成倍增长，部分产品和用户因显性数据和隐性数据不完整，会产生数据的稀疏性问题，从而影响推荐质量。为保证数据完整性，国内外学者通常采用数据补值和数据预测两种处理方法。常见的数据补值方法有：Pazzani 认为用户个人社会属性信息的相似性能够反映出用户购买兴趣的相似性，提出使用用户个人社会属性信息对基础数据进行补值，但是这种方法有可能会侵犯到个人社会信息的隐私。K. W. Cheung 提出应用 Web 数据挖掘对服务器日志进行数据分析，从而发现用户的行为模式以获取隐性的用户评价数据，并在此基础上提出了一种基于隐性评价数据的推荐方法，这种方法重在发现隐性数据中所蕴含的丰富信息以对显性数据进行补充从而消除稀疏性问题。在此基础上，李晓昀等提出了一种隐性数据的分析处理方法，详细阐述了如何收集用户个性化信息并进行模糊语意分析，从而建立用户兴趣模型的过程，对隐性数据的获取与推荐给出了系统性的描述。D. R. Liu 和 Y. Y. Shih 提出由 RFM（最近购买时间、购买频率、购买金额）指标来度量的客户终身价值（CLV）可以让商家发现更有价值的客户，进而提

出了一种基于客户终身价值的推荐方法，RFM 指标信息的补值能够使商家有效定位优质客户，从而使推荐更具有针对性。常见的数据预测处理方法有：邓爱林等提出根据产品之间的相似性来预测用户对未评价产品的评价值。Xue 等提出某用户其未评价项目的评价值，可以依据该用户的相似用户对该项目评价的均值来预测，从而发现用户对其未知产品的偏好。陈逸、于洪进一步提出了相同评分矩阵的概念，通过用户相同评分矩阵中体现的相似性关系对未评价产品进行预测。M. K. Kavitha Devi 提出对相似评分用户进行预聚类，基于聚类簇内用户的相似性对用户未评分数据进行预测，其本质为依据相似用户已评价产品评价值的相似性预测未评价产品评价值，该预测方法也取得了较好的效果。

二、推荐方法研究现状

在保证基础数据完整的同时，推荐系统推荐质量的关键在于是否采用了合理的推荐方法。推荐系统的主流推荐方法分为：基于内容的推荐、协同过滤推荐、混合推荐算法、其他推荐算法等。

1. 基于内容推荐系统的研究

基于内容的推荐提取用户历史交易记录和用户对产品评价的特征，通过分析并获取用户感兴趣产品的特征作为用户的购物偏好，同时对产品进行特征提取与表示，通过用户特征偏好与产品特征的匹配程度，以实施推荐（Balabanovic，1997）。孟宪福和陈莉提出采用贝叶斯理论对产品特征和用户兴趣特征进行提取与表示，取得了较好的推荐效果，同时通过贝叶斯分类处理，降低了计算的复杂度。基于内容的推荐目前遇到的最大挑战有两个：一是只能为用户发现与用户原有兴趣特征相匹配项目作推荐，而不能发现用户新感兴趣的项目；二是如何对产品与用户兴趣特征进行更准确地提取与表示一直是其进一步发展的关键所在（崔春生等，2011）。

2. 基于协同过滤推荐系统的研究

协同过滤推荐方法最早由 Goldberg 于 1992 年提出并在新闻与电影

的推荐中应用，取得了很好的效果。其基本思想非常易于理解，在日常生活中，我们往往会利用好朋友的推荐来进行一些选择。协同过滤正是把这一思想运用到推荐系统中来，即在具有相似购物偏好的用户之间进行交叉推荐。

目前经典的协同过滤推荐算法有两种：一种为基于内存的协同过滤（memory – based collaborative filtering），有时也称为基于用户的协同过滤（user – based collaborative filtering）或基于邻居的协同过滤（neighbor – based collaborative filtering）（SCHAFER J. B.，1999；BE N. J.，2001）；另一种为基于模型的协同过滤（model – based collaborative filtering）。前者使用用户相似性统计的方法对具有相似兴趣爱好的邻居用户进行判断，得到当前用户的相似邻居，基于其邻居的偏好实施推荐，这种方法准确率比较高，但随着用户规模的急剧扩大会有较大的计算复杂量。所以第二种方法就是针对此问题而提出的，后者先依据用户历史访问数据建立一个模型，再依据此模型进行其偏好的预测，其中神经网络技术、潜在语义检索（latent semantic indexing）（Huang 等，2004）和贝叶斯网络技术（bayesian networks）等是此类方法的典型代表。Breese 认为基于内存的协同推荐比基于模型的协同推荐具有更好的推荐精度但计算复杂度要差很多，他提出基于内存的协同推荐算法随着用户数量的增多，计算量将会成倍增加，其性能和推荐效率也会不堪忍受，对于推荐结果也很难解释。针对此问题，Sarwar 教授于 2001 年又提出了一种新的协同过滤推荐技术，我们称之为基于项目的协同推荐（item – based collaborative filtering algorithms），该算法首先对用户已评价产品和未评价产品的相似性进行计算，以相似性的程度作为权重，对已评价产品的评价值进行加权计算，从而得到未评价产品的评价值，Sawar 教授同时在论文中指出了该推荐算法相对基于内存推荐算法的优势，并解决了协同过滤推荐目前所遇到的问题。Premm 教授具有不同的观点，他对各种推荐算法进行重新审视，指出基于项目的协同过滤推荐算法准确度与采用的实验规模数据有关，大多数情况下还是基于用户的协同过滤推荐好。协同过滤推荐是目前研究最多、应用最广的比较成熟的电子商务推荐技术，实际应用中最大的问题在于因为数据的稀疏或者因为新产品没有足够的评价数据，会导致相似用户的聚类效果不佳，从而产生稀疏性以及冷启动等问题（Sarvar 等，2000）。

3. 混合推荐算法的研究

协同过滤存在数据稀疏性、新用户新产品冷启动的问题，基于内容的推荐的瓶颈在于产品特征的提取与表示等，很多学者设想将这两种推荐策略组合起来，取长补短，这也就是混合推荐算法的思想。尽管从理论上有很多种推荐混合方法，但依据不同的组合思路我们将研究人员提出的混合算法大致分为以下几类：

Pazzani M. （1999） 和 Billsus D. （2000） 等提出将几种推荐方法的各自推荐结果进行合并。如使用基于内容的方法和协同过滤方法分别独立推荐，得到各自推荐结果，合并推荐的最终结果作为最后推荐的对象。Soboroff I. 、Good N. 、（1999）、Melville P. （2002） 等提出可以以一种推荐方法为主要推荐技术，同时以另一种推荐技术为辅，并与主要推荐技术进行融合。如以基于内容的方法为主，同时融合协同过滤的技术优势，或者以协同过滤的技术为主，同时融合基于内容的技术。Ansari A. （2000） 提出直接将两种推荐方法进行有机集成，如将基于内容和协同过滤的方法整合到一个统一的框架下，使其作为一种推荐算法实施推荐。B. M. Kim（2006） 提出利用混合算法（基于内容与协同过滤相结合）的关键在于如何对两种算法进行有效的集成，并融合到一个统一的框架下。

4. 其他推荐算法的研究

以上三种方法是推荐方法研究最热点的领域，但在不同的应用场景下也有一些其他的推荐算法也取得了不错的成绩。如基于效用的推荐（utility - based recommendation），该方法首先计算用户对项目的效用，并依据产品属性、供应商的可靠性、产品的可用性等指标为每个用户创建一个效用函数，并依据效用函数实施推荐。

基于知识的推荐（knowledge - based recommendation），其核心实际上是一种推理（inference）技术。它不是依据用户实际需要和兴趣偏好来实施推荐，而是针对特定领域制定推荐规则（rule）来进行基于规则和实例的推理（case - based reasoning）。Burke R. 在2000年提出利用饭店的菜式方面的规则知识进行基于知识的推荐。

基于关联规则的推荐，以产品间关联规则为基础，把已购商品作为规则头，推荐对象作为规则体。通过数据挖掘发现项目之间潜在的联系以实施连带推荐。

三、计算复杂度研究现状

随着产品数量和用户数量的扩大，需要处理的基础数据会成倍增加，基础数据的处理会使推荐系统的计算复杂度成指数级增长，成为推荐系统推荐效率的瓶颈。为此国内外学者也提出了很多方法以降低计算复杂度，推荐系统计算复杂性的降低可以分为：评价数据降维法、产品分类降维法、离线计算与在线推荐相结合法。

其中Sarwar等（2000）、Billsus和Pazzani（2000）提出奇异值分解这种非常经典的矩阵分解技术，只抽取原始用户—产品评价矩阵最本质的特征，以提供一个简化的近似矩阵，这种方法消除了弱相关数据，从而降低了需计算数据的维度。由于推荐系统只对简化后的矩阵进行处理，只考虑了降维后低维度数据，计算复杂度也随之降低。Y. H. Cho和J. K. Kim提出产品分类树（product taxonomy，PT）理论，通过领域专家依据产品特征将产品分类，形成一种产品树形结构，并依据市场环境、竞争对手情况、不同产品类的相对重要性，将具有竞争优势，相对重要的产品类预设为种子类，数据计算只在种子类内进行，该方法降低了因产品种类繁多而引起的计算复杂度，使算法也具有较好扩展性。Ko. S. 和J. Lee提出可以将离线计算和在线推荐相结合的方法降低计算复杂度，即将计算量较大的数据预处理和聚类计算放在离线阶段，在线计算只依据离线计算结果处理推荐部分。

综上所述，国内外学者为保证电子商务推荐质量和推荐效率从三个因素的不同角度提出了很多经典的推荐方法，并在实际应用中取得了较好的效果，下面章节作者将会对目前经典电子商务推荐技术的基本理论与思想，及其所存在的问题做详细阐述并进行评析。

第三节　基于内容的推荐

基于内容的推荐算法（Content - based Algorithm，CB）的推荐核心思想为：通过提取用户历史交易记录和用户对产品评价的特征，对其分析并获取用户感兴趣产品的特征作为用户的购物偏好，同时对产品进行特征提取与表示，通过用户特征偏好与产品特征的匹配程度，以实施推荐。

一、基于内容推荐基本思想

基于内容推荐方法的核心思想起源于信息检索领域，所以绝大部分的基于内容的推荐系统研究关注的是包含文本的项目推荐，如图书、网页、文档等。通常推荐的基本步骤分为以下三步：

①分析用户过去的浏览或评价记录，寻求一种文档表示方法对其进行表示，从而生成用户兴趣档案；

②对用户未接触过的文档特征进行提取与表示；

③将用户兴趣档案与新文档特征进行匹配，将匹配度最高的文档推荐给当前用户。

二、基于内容推荐过程

绝大部分的基于内容推荐使用向量空间模型来表示文档，把文档中的关键词表示为向量。如 FAB（Balabanovic 和 Shoham，1997）利用 TF - IDF 权重最高的 100 个词来表示一个文档。TF - IDF（Term Frequency/Inverse Document Frequency）方法中，文档 i 中的关键词 k 的权

重值 dw_{ik} 由以下公式计算得到：

$$dw_{ik} = tf_{ik} \times (\log_2^{(n)} - \log_2^{(df_k)} + 1)$$

其中，tf_{ik} 表示词 k 在文档 i 中出现的频率，df_k 为包含有词 k 的文档数目，n 为文档集合的大小。

Syskill 和 Webert（Pazzani 和 Billsus，1997）使用的是128 个信息度最高的词，即相比之下与一种文档种类关联度最高的词。信息度最高的词使用期望信息收益（Quinlan，1986）$E(W,S)$ 来计算。$E(W,S)$ 表示一个词 W 在文档 S 中出现与否给文档 S 分值带来的影响。

在文档表示方式确定后，通过分类算法可以对高评分和低评分的档案加以学习并区分。Fab 系统使用 Rocchio's 算法（Rocchio，1971）来学习 TF－IDF 向量。Syskill 和 Webert 系统使用 Bayesian 分类器来确定用户对文档偏好的概率。

用户模板（user profile）在推荐系统中被用来描述用户的个人兴趣。用户模板（user profile）是计算科学协会（CSI）和认知信息协会（NICI）合作开展的一个项目，其目标是通过对原来使用关键词进行文档检索的方法进行改进，提供一种更丰富的用户和文档的描述方法，进而进行检索以提高检索质量。

用户模板的表示方法目前还没有一个统一的标准，它从内容上可以划分为基于兴趣以及基于行为这两种基本类型。其中基于兴趣的用户模板主要有加权语义网络、加权矢量、类型层次结构、书签和目录结构等。基于行为的用户模板文件则以用户浏览模式或访问模式等方式去表示。具体实现大多综合了两种用户模板表达方式。

推荐系统在工作之前要先建立个人的用户模板，用户模板内不仅记录用户的基本数据，而且记录了用户的偏好、兴趣等信息。在推荐工作的同时，基于用户的操作行为进一步记录用户行为和兴趣，并添加到用户模板，对其实时更新。

图 2－1 为一个用户模板实例。

用户模板：李晓
男演员：（成龙，1.0）
女演员：（周迅，0.8）
导演：（张艺谋，0.8，陈凯歌，0.5）
类别：（情感片，1.0）
剧情：（情人（0.20），会面（0.48），舞会（0.42），……）

图2－1　用户模板实例

基于内容的推荐通过比较资源与用户模板的相似性以推荐资源，其一个核心问题是资源与用户模板的相似性计算，余弦相似性度量通常被用来对矢量空间模型处理。

基于内容的推荐需要准确的用户模板来描述用户的偏好，否则推荐可能与用户的兴趣根本不相关，所以资源特征的提取与表示以及用户偏好特征的提取与表示一直是其进一步发展的瓶颈。

另外用户模板通过分析用户历史行为加以表示，所以只能表达其已经表现出来的历史兴趣，而对用户将来或者未表达的兴趣却无能为力。另外一个缺点是，如果两个资源使用了相同的关键字，基于内容的推荐认为是同样的资源而不能分析资源的质量。

第四节　协同过滤推荐

协同过滤理论基础是人们的从众行为，现实社会中人们相互影响是社会互动中重要的组成部分，在进行商品的选择时我们往往愿意听取好朋友的意见。协同过滤是利用集体智慧的一个典型方法。要理解什么是协同过滤（Collaborative Filtering，CF），首先想一个简单的问题，如果你现在想看个电影，但你不知道具体看哪部，你会怎么做？大部分的人会问问周围的朋友，看看最近有什么好看的电影推荐，而我们一般更倾向于从口味比较类似的朋友那里得到推荐。这就是协同过滤的

核心思想。

协同过滤一般是在海量的用户中发掘出一小部分和你品位比较类似的用户，在协同过滤中，这些用户成为邻居，然后根据他们喜欢的其他东西组织成一个排序的目录作为推荐给你。当然其中有两个核心的问题：

①如何确定一个用户是不是和你有相似的品位？

②如何将邻居们的喜好组织成一个排序的目录？

协同过滤相对于集体智慧而言，它从一定程度上保留了个体的特征，就是你的品位偏好，所以它更多可以作为个性化推荐的算法思想。可以想象，这种推荐策略在 Web 2.0 的长尾中是很重要的，将大众流行的东西推荐给长尾中的人怎么可能得到好的效果，这也回到推荐系统的一个核心问题：了解你的用户，然后才能给出更好的推荐。

协同过滤推荐技术在互联网上已经取得了极大的成功，是目前最为成熟的一种推荐方法，在 Amazon 网站以及 CDNow、MovieFinder 等网站上已经取得了很大的成功。协同过滤推荐一般要经过以下步骤。

1. 深入协同过滤的核心

前面作为背景知识，介绍了集体智慧和协同过滤的基本思想，这一节我们将深入分析协同过滤的原理，介绍基于协同过滤思想的多种推荐机制、优缺点和实用场景。

首先，要实现协同过滤，需要以下几个步骤：

第一步，收集用户偏好；

第二步，找到相似的用户或物品；

第三步，计算推荐。

要从用户的行为和偏好中发现规律，并基于此给予推荐，如何收集用户的偏好信息成为系统推荐效果最基础的决定因素。用户有很多方式向系统提供自己的偏好信息，而且不同的应用也可能大不相同，下面举例进行介绍。

2. 收集偏好

用户行为与用户偏好的内容见表 2－1。

表 2－1　　用户行为和用户偏好

用户行为	类型	特征	作用
评分	显式	整数量化的偏好，可能的取值是［0，n］；n 一般取值为 5 或者是 10	通过用户对物品的评分，可以精确地得到用户的偏好
投票	显式	布尔量化的偏好，取值是 0 或 1	通过用户对物品的投票，可以较精确地得到用户的偏好
转发	显式	布尔量化的偏好，取值是 0 或 1	通过用户对物品的投票，可以精确地得到用户的偏好。如果是站内，同时可以推理得到被转发人的偏好（不精确）
保存书签	显式	布尔量化的偏好，取值是 0 或 1	通过用户对物品的投票，可以精确地得到用户的偏好
标记标签	显式	一些单词，需要对单词进行分析，得到偏好	通过分析用户的标签，可以得到用户对项目的理解，同时可以分析出用户的情感：喜欢还是讨厌
评论	显式	一段文字，需要进行文本分析，得到偏好	通过分析用户的评论，可以得到用户的情感：喜欢还是讨厌
点击流	隐式	一组用户的点击，用户对物品感兴趣，需要进行分析，得到偏好	用户的点击一定程度上反映了用户的注意力，所以它也可以从一定程度上反映用户的喜好
页面停留时间	隐式	一组时间信息，噪声大，需要进行去噪，分析，得到偏好	用户的页面停留时间一定程度上反映了用户的注意力和喜好，但噪声偏大，不好利用
购买	隐式	布尔量化的偏好，取值是 0 或 1	用户的购买是很明确地说明这个项目他感兴趣

以上列举的用户行为都是比较通用的，推荐引擎设计人员可以根据自己应用的特点添加特殊的用户行为，并用他们表示用户对物品的喜好。

在一般应用中，我们提取的用户行为一般都多于一种，关于如何组合这些不同的用户行为，基本上有以下两种方式。

（1）将不同的行为分组：一般可以分为“查看”和“购买”等，然后基于不同的行为，计算不同的用户/物品相似度。类似于当当网或者 Amazon. com 给出的“购买了该图书的人还购买了……”“查看了图书的人还查看了……”。

（2）根据不同行为反映用户喜好的程度将它们进行加权，得到用户对于物品的总体喜好。一般来说，显式的用户反馈比隐式的权值大，但比较稀疏，毕竟进行显示反馈的用户是少数；同时相对于“查看”“购买”行为反映用户喜好的程度更大，但这也因应用而异。

收集了用户行为数据，我们还需要对数据进行一定的预处理，其中最核心的工作就是：减噪和归一化。

①减噪：用户行为数据是用户在使用应用过程中产生的，它可能存在大量的噪声和用户的误操作，我们可以通过经典的数据挖掘算法过滤掉行为数据中的噪声，这样可以是我们的分析更加精确。

②归一化：如前面讲到的，在计算用户对物品的喜好程度时，可能需要对不同的行为数据进行加权。但可以想象，不同行为的数据取值可能相差很大，比如，用户的查看数据必然比购买数据大得多，如何将各个行为的数据统一在一个相同的取值范围中，从而使得加权求和得到的总体喜好更加精确，就需要我们进行归一化处理。最简单的归一化处理，就是将各类数据除以此类中的最大值，以保证归一化后的数据取值在［0，1］范围内。

进行预处理后，根据不同应用的行为分析方法，可以选择分组或者加权处理，之后我们可以得到一个用户偏好的二维矩阵，一维是用户列表，另一维是物品列表，值是用户对物品的偏好，一般是［0，1］或者［-1，1］的浮点数值。

3. 找到相似的用户或物品

当已经对用户行为进行分析得到用户喜好后，我们可以根据用户喜好计算相似用户和物品，然后基于相似用户或者物品进行推荐，这就是最典型的CF的两个分支：基于用户的CF和基于物品的CF。这两种方法都需要计算相似度，下面我们先看看最基本的几种计算相似度的方法。

4. 相似度的计算

关于相似度的计算，现有的几种基本方法都是基于向量（Vector）的，其实也就是计算两个向量的距离，距离越近相似度越大。在推荐的场景中，在用户—物品偏好的二维矩阵中，我们可以将一个用户对所有物品的偏好作为一个向量来计算用户之间的相似度，或者将所有用户对某个物品的偏好作为一个向量来计算物品之间的相似度。下面我们介绍几种常用的相似度计算方法：

①欧几里得距离（Euclidean Distance）；

②皮尔逊相关系数（Pearson Correlation Coefficient）；

③Cosine 相似度（Cosine Similarity）；

④Tanimoto 系数（Tanimoto Coefficient）。

5. 相似邻居的计算

介绍完相似度的计算方法，下面我们看看如何根据相似度找到用户—物品的邻居，常用的挑选邻居的原则可以分为两类，图2-2给出了二维平面空间上点集的示意图。

（1）固定数量的邻居

K-neighborhoods 或者 Fix-size neighborhoods。不论邻居的“远近”，只取最近的 K 个，作为其邻居。如图2-2中的 A，假设要计算点1的5个邻居，那么根据点之间的距离，我们取最近的5个点，分别是点2、点3、点4、点7和点5。但很明显我们可以看出，这种方法对于孤立点的计算效果不好，因为要取固定个数的邻居，当它附近没有足够

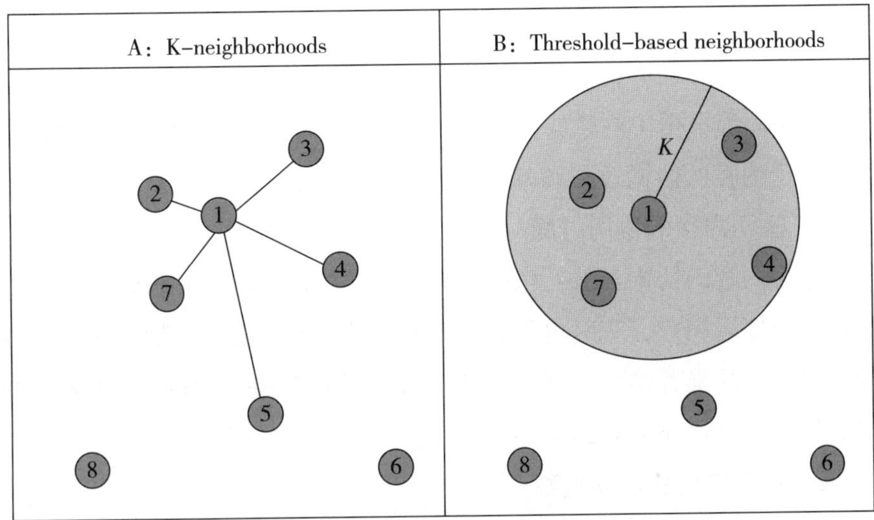

图 2－2　相似邻居计算示意图

多比较相似的点，就被迫取一些不太相似的点作为邻居，这样就影响了邻居相似的程度，比如图 2－2 中，点 1 和点 5 其实并不是很相似。

（2）基于相似度门槛的邻居

Threshold－based neighborhoods。与计算固定数量的邻居的原则不同，基于相似度门槛的邻居计算是对邻居的远近进行最大值的限制，落在以当前点为中心，距离为 *K* 的区域中的所有点都作为当前点的邻居，这种方法计算得到的邻居个数不确定，但相似度不会出现较大的误差。如图 2－2 中的 B，从点 1 出发，计算相似度在 *K* 内的邻居，得到点 2、点 3、点 4 和点 7，这种方法计算出的邻居的相似度程度比前一种更优，尤其是对孤立点的处理。

6. 计算推荐

经过前期的计算已经得到了相邻用户和相邻物品，下面介绍如何基于这些信息为用户进行推荐。本系列的上一篇综述文章已经简要介绍过基于协同过滤的推荐算法可以分为基于用户的 CF 和基于物品的 CF，下面我们深入这两种方法的计算方法、使用场景和优缺点。

一、协同过滤技术分类

Breese 等根据协同过滤所采用的核心算法将协同过滤分为两类，分别是基于内存的协同过滤和基于模型的协同过滤。

1. 基于内存的协同过滤

基于内存的协同过滤：依据用户评分进行用户兴趣相似性计算，得到用户的邻居用户，有时也称为基于邻居的协同过滤，将活动用户最相近邻居的产品推荐给当前活动用户。经典的代表是 Grouplens 所采用的最近邻方法（nearest neibours）。

2. 基于模型的协同过滤

与基于内存的协同过滤不同，基于模型的协同过滤根据用户的评分历史记录构造出用户的兴趣模型，基于此模型进行用户感兴趣产品的推荐。常见的方法有：聚类的方法、贝叶斯网络、回归分析等。

Sarvar 依据协同过滤技术所针对的对象，将协同过滤技术分为基于用户的协同过滤和基于项目的协同过滤。

二、基于用户的协同过滤

基于用户的协同过滤核心是考虑用户与用户之间的购物相似性，在具有相同购物偏好的用户之间交叉推荐产品。通常来说某用户其相似用户所喜欢的产品，通常也为该用户所喜欢的。Grouplens 即属于这种典型的系统。

Sarwar 等认为基于用户的协同过滤有三个阶段：表示阶段、相似用户计算阶段、推荐实施阶段。

1. 表示阶段

用户—项目评分矩阵 $R(m,n)$ 如表 2－2 所示，假设推荐系统拥有 m 个用户和 n 个项目（表 2－2 中为 5 个用户 4 个项目的用户—项目评分矩阵），则我们可以将用户和项目表示为一个 $m \times n$ 矩阵，矩阵中的每一项值表示某个用户 i 对某个项目 j 的评分值。定义用户 i 对项目 j 的

评分值用 $R_{i,j}$ 来表示。算法将预测矩阵中的缺失值（missing value），表中 0 值表示缺失值，依据预测值的高低来判断是否将该项目推荐给用户。一般来说，因为网站的用户、项目较多，或者有些用户不愿意对项目进行评分导致缺失值（0 值）过多，我们称用户—项目矩阵是稀疏的。

表 2－2　　　　用户—项目评分矩阵

项目 用户	Movie1	Movie2	Movie3	Movie4
User1	0	4	3	4
User2	2	0	2	0
User3	0	5	0	3
User4	3	4	0	0
User5	0	5	5	0

评分值可以用 0、1 表示，例如 1 代表喜欢（或已购买），0 代表不喜欢（或未购买），但绝大部分推荐系统采用评分制，例如 Grouplens 系统采用 5 分制、Ringo 系统和 Fab 系统则采用的 7 分制等，评分从低到高依次表示用户的喜好程度逐渐增加。

2. 相似用户计算

相似用户计算是基于用户协同过滤法（算法实例可参见文献）的关键。算法依据用户相似性查找活动用户 u 的最近邻（nearest neighbor）集合 $U = \{u_1, u_2, u_3, \cdots, u_k\}$，且活动用户 u 与集合 U 中用户 u_k 之间的相似性 $sim(u, u_k)$ 由大到小排列。通常定义 $sim(u, u_k)$ 取值范围：$[-1, +1]$，该值越小表示用户 u 、u_k 之间相似性越高；值越大代表相似性越差；值为 0 代表 u 、u_k 之间相似性最高。图 2－3 通过计算目标用户（图中心黑点）与其他用户之间的相似性，选择了以目标用户为中心的 $k = 5$ 个最近用户作为其最近邻集合。

Sarwar 等将上述方法称为基于中心的方法，他们还提出了另外一种方法称为聚合邻居（aggregate neighborhood）选择方法，但实验证明聚合邻居方法效果不如基于中心的方法。最近邻数量的确定通常有两种方

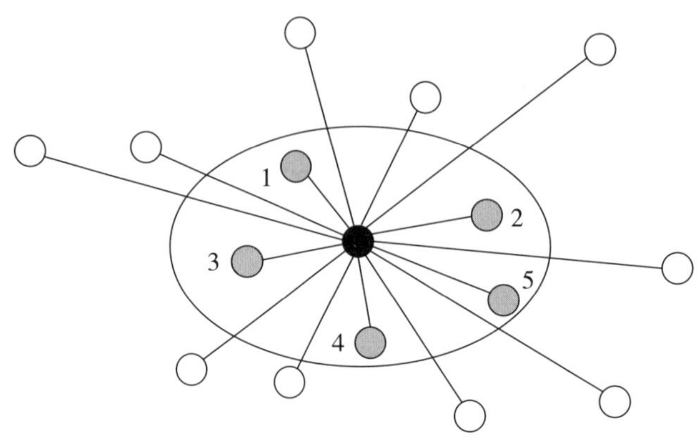

图 2-3　最近邻用户聚类过程

法，其值对推荐质量有重要影响：一是设定固定阈值，最近邻集合取与活动用户的相似性大于阈值的用户（如 Ringo 系统）；二是设定相似用户数 k，取相似性最大的前 k 个用户作为最近邻集合（如 Grouplens 系统），Herlocker 等指出实际应用中合理 k 值为 20～50。

也可以将两种方法结合，即先设定阈值，选择相似性大于阈值的前 k 个用户为最近邻集合。阈值或 k 值是否合适将影响推荐质量，当然数据集是否完整也将影响最近邻的质量，合适的阈值和 k 值可以在训练集上通过实验获得。若通过计算近邻数量小于 k 个，则只选取现有用户。

用户相似性计算方法通常有以下三种。

（1）余弦相似性（cosine similarity）

余弦相似性也称为向量相似性（vector similarity）。用户评分可以看作 n 维项目空间上的向量，用户之间的相似性通过向量间的余弦夹角来衡量，余弦夹角其值越小则其相似性越高。设 $I_{m,n}$ 为用户 m、n 共同评分集，向量 $\vec{m}$、$\vec{n}$ 分别表示用户 m、n 在共同评分集 $I_{m,n}$ 上的评分，则用户 m、n 相似性 $sim(m,n)$ 可以表示为：

$$sim(m,n) = \cos(\vec{m},\vec{n}) = \frac{\vec{m} \cdot \vec{n}}{|| \vec{m} ||^2 \times || \vec{n} ||^2}$$

$$= \frac{\sum_{i \in I_{m,n}} R_{m,i} \cdot R_{n,i}}{\sqrt{\sum_{i \in I_{m,n}} R^2_{m,i}} \sqrt{\sum_{i \in I_{m,n}} R^2_{v,i}}}$$

公式中，$I_{m,n} = \{i \in I | R_{m,i} \neq \varnothing \& R_{n,i} \neq \varnothing\}$（$I$ 表示全部项目空间），$R_{m,i}$、$R_{n,i}$ 分别表示用户 m、n 对项目 i 的评分。

（2）修正的余弦相似性（adjusted cosine similarity）

不同的用户对同一部电影具有不同的平分尺度，有些用户更愿意给高分，而有些用户即使很喜欢的电影其评分也不高，对于此种现象我们可以采用减去用户对项目的平均评分加以解决。假定：U 为对项目 i 与项目 j 均作过评分的用户集，项目 i 与项目 j 之间的余弦相似性 $sim(i,j)$ 可用下面公式进行计算。

$$sim(i,j) = \frac{\sum_{u \in U}(R_{u,i} - \overline{R_u}) \cdot (R_{u,j} - \overline{R_u})}{\sqrt{\sum_{u \in U}(R_{u,i} - \overline{R_u})^2}\sqrt{\sum_{u \in U}(R_{u,j} - \overline{R_u})^2}}$$

公式中，$R_{u,i}$、$R_{u,j}$ 分别为用户 u 对项目 i 与项目 j 的评分值，$\overline{R_u}$ 表示用户 u 对所有项目的平均评分。

（3）Pearson 相关系数（Pearson correlation coefficient）

设 $I_{m,n}$ 为用户 m、n 共同评分集，则用户 m、n 相似性 $sim(m,n)$ 可以表示为：

$$sim(m,n) = \frac{\sum_{i \in I_{m,n}}(R_{m,i} - \overline{R}_m) \cdot (R_{n,i} - \overline{R}_n)}{\sqrt{\sum_{i \in I_{m,n}}(R_{m,i} - \overline{R}_m)^2}\sqrt{\sum_{i \in I_{m,n}}(R_{n,i} - \overline{R}_n)^2}}$$

公式中，$R_{m,i}$、$R_{n,i}$ 分别表示用户 m、n 对项目 i 的评分。$\overline{R_m}$、$\overline{R_n}$ 分别表示用户 m、n 在 $I_{m,n}$ 上的平均评分。定义为：

$$\overline{R_m} = \frac{1}{|I_{m,n}|}\sum_{i \in I_{m,n}} R_{m,i}, \overline{R_n} = \frac{1}{|I_{m,n}|}\sum_{i \in I_{m,n}} R_{n,i}$$

3. 推荐生成

通过相似性计算即可得到当前用户的最近邻居用户集合 $U_{near} = \{u_1, u_2, \cdots, u_l\}$，依据最近邻居可得到缺失评分值项目的预测值及 Top－N 个推荐结果，最简单的缺失评分预测值 $P_{u,i}$（表示用户 u 对项目 i 的预测值）可用以下公式得到：

$$P_{u,i}=\frac{1}{K}\sum_{u_k\in U_{near}}R_{u_k,i}$$

即取当前用户最近邻对该项目的平均评分作为预测值，但这种效果不好。

更精确的预测方法如下：

设当前用户最近邻集合 $U_{near}=\{u_1,u_2,\cdots,u_l\}$，各用户已评过的项目集合分别为 I_1，I_2，I_3，…，I_l，设项目集合 $I_x=I_1,I_2,\cdots,I_l-I_u$，$I_u$ 为某用户 u 所评过的项目集合，则任意项目 $i\in I_x$，用户 u 均未作过评分，以下公式可用来预测 $P_{u,i}$。

$$P_{u,i}=\overline{R_u}+\frac{\sum sim(u,u_k)\times(R_{u_k,i}-\overline{R_{u_k}})}{\sum\limits_{(u_k\in U_{near})\cap(u_k rated i)}(|sim(u,u_k)|)}$$

公式中，$R_{u_k,i}$ 表示最近邻用户 $u_k(1\leqslant k\leqslant K)$ 对项目 i 的评分，$\overline{R_{u_k}}$ 表示 u_k 与 u 的共同评分项目集合上的平均评分，$\overline{R_u}$ 则表示 u 在全部项目空间上的平均评分。

$$\overline{R_u}=\frac{1}{I_u}\sum_{j\in I_u}R_{u,j}, \text{其中} I_u=\{j\in I|R_{u,j}\neq\varnothing\}$$

注意：参与计算的最近邻用户必须对项目 i 评过分。按 $P_{u,i}$ 预测评分值从大到小取 Top－N 个项目组成推荐集推荐给当前用户 u，完成推荐过程，N 的取值以 Top－10 最为常见。

三、基于项目的协同过滤

基于项目的协同过滤：核心是考虑项目和项目之间的相似性，如用户总是在相似的项目之间进行购买，在购买《网站建设》的同时，用户总是购买与之相关的书籍，如《网络数据库》《网站界面开发》《脚本语言》等。

基于项目的协同过滤依然需要用户—项目评分矩阵作为推荐的基础数据，为项目生成邻居项目，并将相似性最高的项目作为推荐结果。

1. 项目相似性计算

基于项目的协同过滤计算项目之间的相似性，其关键为选出最相似

项目集。我们通过下面实例做简单介绍。

表 2－3　　用户—项目评分矩阵

项目 用户	Movie1	Movie2	Movie3	Movie4	Movie5
User1	5	2	4	3	5
User2	4	5	5	5	4
User3	4	1	3	2	4
User4	3	2	3	2	?
User5	5	2	4	3	5

表 2－3 中 User4 对 Movie5 没有评分值，基于项目的协同过滤推荐算法将会对该评分值进行预测并决定是否推荐。我们可以看到 User1、User2、User3、User5 对 Movie1 和 Movie3 两部电影的评分值与对 Movie5 的评分值最为接近，我们可以将 Movie1 和 Movie3 作为 Movie5 的最近邻项目；而 Movie2、Movie4 的评分值与 Movie5 的评分差距较大，排除其作为 Movie5 的近邻项目。

项目相似性度量同基于用户的协同过滤中用户相似性度量类似，也包括余弦相似性、修正的余弦相似性以及相关相似性（Pearson 相关系数）等几种，具体计算方法与公式同基于用户的协同过滤类似，在此不再赘述。

2. 生成推荐结果

基于项目的协同过滤推荐，也包括预测计算用户对项目的评分和生成 top－N 推荐项目两个阶段。

（1）目标用户对项目的预测评分

假定项目 i 的最近邻项目集合为 $I_{near} = \{i_1, i_2, i_3, \cdots, i_l\}$，$i \notin I_{near}$ 且 I_{near} 中项目按与项目 i 的相似性由大到小依次排列，用户 u 对项目 i 的预测评分 $P_{u,i}$，可由以下公式得到：

$$P_{u,i} = \frac{\sum_{i_k \in I_{near}} sim(i, i_k) \cdot R_{u,i_k}}{\sum_{i_k \in I_{near}} | sim(i, i_k) |}$$

（2）Top－N 推荐结果集

步骤 1：假定 I_u 为当前用户 u 评分较高的项目集，C_u 为任意项目 $j \in I_u$ 的 l 个最相似项目 $\{j_1, j_2, \cdots, j_l\}$ 的集合，删除 C_u 中出现的 I_u，则 C_u 中剩余项目均为用户未评分项目。

步骤 2：对于任意项目 $c \in C_u$，c 与 I_u 相似性 $sim(c, I_u) = \sum_{j \in I_u} sim(c, j)$。

步骤 3：我们选取 C_u 里面与 I_u 相似性最大的 Top－N 项目作为推荐结果。

四、协同过滤推荐技术的优缺点

以上两种协同过滤推荐技术中基于用户的协同过滤是应用最为广泛的，也是目前最成功的推荐技术。它不需要分析项目的属性特征，对项目没有复杂要求，并且能处理非结构化项目。相对于基于内容协同过滤具有以下优点。

①对于如电影、CD、思想、感觉、评论等很难用特征属性描述，协同过滤技术可以消除一些计算机难以分析的项。

②对于用户参与较强的项目，用户对项目兴趣及项目质量更多取决于用户感受的环境下，协同过滤可以更好地获取待推荐项目的质量，如某个用户喜欢张艺谋的电影，基于内容的推荐只能推荐张艺谋所拍摄的所有电影，而无法分析这些电影质量的好坏。

③协同过滤系统推荐一些用户原来未想到的项目。基于内容推荐只能根据用户原来的购物兴趣向其推荐产品，而协同过滤可以向用户推荐用户新感兴趣的产品。

协同过滤虽然取得了巨大成功，受其原理所限，以下几个缺点是影响其进一步发展的瓶颈。

①精确性（accuracy）：提高推荐系统的推荐质量，用户如果对推荐系统不信任，推荐的项目经常不符合用户需求，导致用户乱投票的现象，评分不准确导致推荐质量进一步下降，形成恶性循环。

②稀疏性（sparstiy）：随着购物网站产品与用户数量的增长，用户参与评分的项目通常是有限的，而且有些用户因为各种原因不愿意留下评分数据。有些购物网站的评分记录甚至只占需要评分项目的1%～2%，从而导致评分数据的稀疏性问题，评分值的稀疏会导致最近邻居相似性聚类的不准确，从而导致推荐质量降低。

③冷启动（coldstart）：也称为初始评价问题，又分为新项目（newitem）问题和新用户（newuser）问题。如果新产品刚刚上架，没有任何用户对其进行评价，即使它有很好的质量，也不可能获得推荐。同样，如果一个新用户刚刚注册，还没有开始对任何产品进行评价，推荐系统也不可能获得他的购物兴趣，也就无法对该用户进行推荐。这种现象在协同过滤推荐技术中尤其明显。

④扩展性（scalabality）：随着用户和产品数量的大幅度增加，数据的处理和计算也会成倍增长，对于如此之巨大的计算量，算法将遭遇到严重的扩展性问题，导致推荐的效率也大幅度降低。

第五节　混合推荐

通过以上分析可以发现，没有一种推荐技术能够完全适应不同的推荐环境，某种技术在特定的条件下可能取得较好的推荐质量，但并不是万能的。很多学者设想将这些推荐技术结合起来，发挥各种技术的特长进行优势互补，这也就是混合推荐技术的核心思想，混合推荐中研究最多的是基于内容推荐和协同过滤推荐两种技术的混合。

按照不同的组合策略，混合推荐大致有以下不同的集成方式（Robin Burke，2005）：

①混合集成：把来自不同推荐技术的推荐结果一起推荐给用户，这种集成技术没什么新意，目前采用的比较少。

②加权集成：把不同推荐技术预测的推荐产品的分值按照不同推荐技术特点赋予不同的权重，然后再对待推荐产品的预测分值进行加权求

和，依据加权后的预测分值排序并实施推荐。

③转换集成：按照不同的推荐环境，选择不同的推荐技术实施推荐，归根结底还是使用其中的某一种推荐技术。

④瀑布型集成：应用一种推荐技术对另一种推荐技术的推荐结果实施优化。这种方法可以过滤掉前一种推荐技术中不太好的推荐结果。可以是基于内容对协同过滤进行优化，也可以协同过滤对基于内容推荐进行优化。

⑤特征组合集成：把不同推荐技术的推荐结果混合后，使用一种推荐技术来处理，同瀑布型集成类似，该方法也是基于采用某种推荐技术对混合推荐结果进行过滤的思想。

⑥特征增值集成：把其中一种推荐技术的推荐输出结果作为另一种推荐技术的输入。

以上不同的混合集成方法中，后三种方法未来将会有一定的研究价值，无论采用哪种混合集成策略，混合推荐的关键是如何发挥不同推荐技术的优点，并有机融合在一个完整的推荐框架内。

虽然混合推荐技术的初衷是进行优势互补，但实际应用中却有很大的困难，主要的难点在于如何对不同的推荐技术进行有机集成。同时有实验表明，混合推荐并不一定比单独的某个推荐技术更好。同时，由于混合了多种推荐技术，增加了计算复杂度，在推荐效率上会有一定程度的降低。

第六节　基于关联规则的推荐

基于关联规则的推荐，以产品间关联规则为基础，把已购商品作为规则头，推荐对象作为规则体。通过数据挖掘发现项目之间潜在的联系以实施连带推荐。

关联规则挖掘技术可以发现不同商品在销售过程中的相关性，在电子商务推荐系统中已经有了比较成熟的应用。在电子商务系统中会有保

留用户交易记录的交易数据库，关联规则挖掘将对交易数据库进行分析，将会计算购买商品集 X 的记录集中有多少同时购买了商品集 Y，当这个比例超过一定阈值时则认为商品集 X 与商品集 Y 存在关联规则，实际购物中有相当部分的用户在购买了某件商品时同时购买了另一件商品。基于关联规则的推荐系统依据计算分析所得到的关联规则，并基于用户的实际购买行为向用户实施推荐。

关联规则可以形式化：假定集合 $I = \{i_1, i_2, \cdots, i_m\}$ 包含 m 个项目，D 为数据库中交易事务的集合，每个事务 T 是不同项目的集合，其中 $T \subseteq I$。设 A 是一个项目的集合，当且仅当 $A \subseteq T$，我们称为事务 T 包含 A。关联规则表达式可以表示为 $A \Rightarrow B$，其中 $A \subseteq I$，$B \subseteq I$，并且符合 $A \cap B = \varnothing$。规则在交易事务 D 中具有支持度 s（support）和置信度 c（confidence）。支持度定义为交易事务 D 中 $A \cup B$ 的交易数与所有交易数的百分比，$support(A \Rightarrow B) = P(A \cup B)$。置信度定义为交易事务 D 中包含 A 和 B 的交易数与包含 A 的交易数的百分比，$confidence(A \Rightarrow B) = P(B \mid A)$。如果规则同时满足预先设定的最小支持度与置信度，则我们把该规则作为强关联规则。

集合库中挖掘关联规则的实施步骤如下：

步骤 1：生成所有的频繁集，频繁集定义为所有支持度大于预先设定的最小支持度的项目集合。

步骤 2：从频繁集中产生强关联规则，必须同时满足预先设定的最小支持度与置信度。

以上步骤中步骤 1 是关联规则挖掘的关键，若数据交易库非常庞大，则计算复杂度随之升高，算法的效率是一个非常重要的问题。

关联规则算法最早由 Agrawal 提出，成熟算法是经典的 Apriori 算法。在此基础上又有很多学者加以改进以提高算法的效率，如 Hash 表法、动态项集计数法等。

基于关联规则的推荐算法同协同过滤相结合，可以充分发挥二者的优势，提高推荐质量。其最早由 Fu、Budizk 和 Hammond 首先应用于协同过滤中，利用 Apriori 算法挖掘用户浏览行为中的关联规则并实施推荐。算法依据用户当前访问路径发现与之匹配的关联规则，将满足推荐度因子的项目作推荐。推荐度因子 = 置信度 × 距离因子。关联规则的生成放在服务器端线进行，保证推荐系统的效率。

最小支持度的设置是关联规则推荐的关键，过小或过大将会产生过多或过少的规则，导致关联规则与用户的活动相关性变差，从而影响推荐质量。Lin 等对关联规则挖掘方法加以改进并与协同过滤结合，其算法没有最小支持度，通过设定规则的数量范围，算法自动调节与用户或项目相关的最小支持度，保证规则数量在范围之内，规则为每个用户与项目独立挖掘完成，缩短了计算时间，该算法中置信度定义为用户之间或项目之间的相关系数，支持度定为相关系数的显著性。关联规则既可以与用户相关也可以与项目相关。与用户相关的关联规则定义为：当前用户会喜欢 80% 用户 A 和用户 B 都喜欢的项目，三个用户会喜欢 25% 的所有项目。如下所示：

[用户 A 喜欢] AND [用户 B 喜欢]⇒[当前用户喜欢](c = 80%，s = 25%)

每个关联规则值定义为：该规则的支持度 × 置信度，每个项目关联规则值定义为：满足最小支持度与置信度的关联规则值的和。如果项目关联规则值大于给定值，则推荐该项目给当前用户。

与项目相关的关联规则定义为：80% 同时喜欢项目 1 和项目 2 的用户会喜欢项目 3，25% 的用户会同时喜欢三个项目，如下式所示：

[喜欢项目 1] AND [喜欢项目 2] ⇒ [喜欢项目 3] (c = 80%，s = 25%)

如果关联规则支持度大于给定阈值，则推荐该项目。

因数据的稀疏，在客户交易事务集中可能很难发现满足最小支持度和置信度的强关联规则，从而不能实施有效的推荐。解决该问题的方法通常使用产品分类树。

产品分类树可以将较低层次的产品归属到较高层次的产品类中去，

其叶子节点通常表示一种具体的库存产品，若干个同一类型的叶子节点组成其上层的非叶子节点类。图 2－4 为某网络零售商的产品分类树。图中科幻小说和言情小说被分类到故事类，而故事类和烹饪类丛书则从归属于书籍类。此分类树中面霜类和皮肤护理类对其所属上层的护肤品类来说较为重要，所以细分为面霜类和皮肤护理类。虽可以继续将香水类分为面部香水、身体香水等分类，但相对来说进一步细分对其上层类已没那么重要，所以直接将香水类产品直接归属到更高层的化妆品类，而没继续细分。

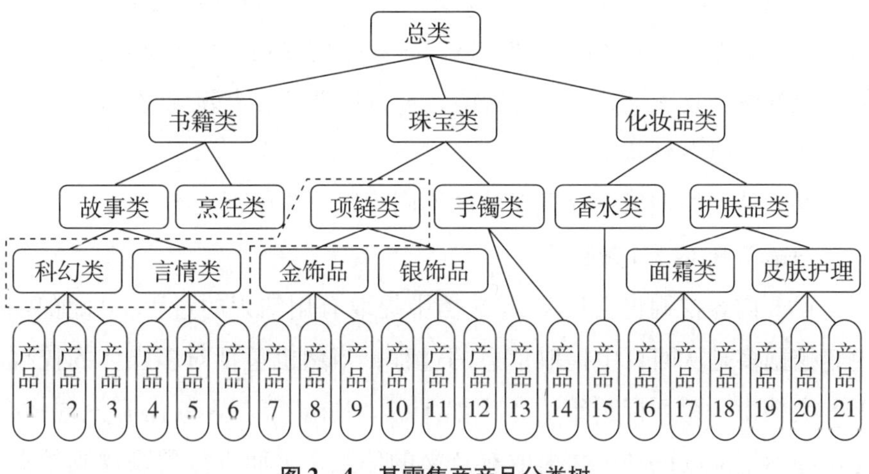

图 2－4　某零售商产品分类树

假定产品 1、产品 2、产品 3 属于科幻类，产品 4、产品 5、产品 6 属于言情类，用户 U1 购买了（产品 1，产品 4），用户 U2 购买了（产品 2，产品 5），用户 U3 购买了（产品 3，产品 6），假定最小支持度为 3，依据现有的数据我们很难发现产品之间的关联规则。但如果从产品分类树，我们从产品的上层类中挖掘分析，就会有这样的规则，U1（科幻，言情），U2（科幻，言情），U3（科幻，言情）。从而发现了强关联规则（科幻—言情）或者（言情—科幻）。通过上例可以看出，使用产品分类树建立关联规则能够帮助我们发现产品之间的隐含关系，从而提高推荐质量。

第七节　Web数据挖掘与电子商务推荐

Web数据挖掘（Web Data Mining）就是从大量Web文档集合和在Web站点内进行浏览的相关数据中发现蕴含在其中的未知的、有潜在价值的信息。也就是将数据挖掘技术及理论应用于对万维网资源进行挖掘的过程。原始数据作为知识和信息的源泉，可能是结构化的数据库中的数据，也可能是半结构化的，形如文本、图形、图像等类型的数据，甚至可能是网络上多样的异构型数据。知识的发现可以是数学或非数学的方法；也可以是演绎或归纳的方法。数据挖掘是一个多学科交叉的领域，数据库、数理统计、人工智能、并行计算等各个领域学者以及技术人员都有可能参与其中。

Web使用挖掘依据挖掘对象的不同可以分为以下三类：

一是Web内容挖掘。

Web内容挖掘将会从Web文档中提取有用知识的过程，目前Web内容挖掘多是从网页中提取信息的过程，当然也包括对多媒体的挖掘。Web文档由一系列标记组成，比如Title，Head等，Web内容挖掘将会对这些标记加以识别，并提取有意义的信息，进而进行关联规则挖掘、特征分析、聚类等一系列方法从中发现有用的知识。

二是Web结构挖掘。

Web数据挖掘将会获得大量无意义和无顺序的结果，其核心问题是如何对这些信息进行整理并归类，从而进行准确定位，以快速地找到最满足用户需求的信息，清除掉与用户检索内容不相关的信息。Web结构的一个经典特征就是超文本链接，Web结构挖掘通常以链接结构为核心，进而进行挖掘以获得有价值的内容。此类比较经典的检索代表有PageRank，以链接结构为核心同时配合传统的基于单词关键字匹配的方法进行内容分析并检索，在检索精度方面比传统方法要高很多。

我们评价一篇科技论文的质量时，要统计该论文作为参考文献被其

他论文引用的次数，通常来说被引用越多的论文质量相对于被引用次数少的论文质量要高。Web 文档的超链接结构除了作为用户的导航外，一篇 Web 文档的超链接也可以反映这种引用关系，那么我们可以通过文档的超链接关系和链接的质量来评价这篇文档的质量，即一篇文档如果被较多的其他文档进行链接则认为该文档具有较高的质量，通常其链接源文档的质量也是评价该文档质量的一个重要参考，即如果一篇文档被一些高质量的文档链接到，则认为该文档具有较高质量。同时如果文档之间存在超链接，通常它们之间具有相似或者相近的内容，所以在某篇文档存在的链接，通常认为是该文档的推荐，这些都构成了链接分析的基础。PageRank 就是以此为核心进行 Web 文档评级，从而确定文档的相关性及文档之间的相对重要性，这样可以保证在进行推荐时将相关性最高同时质量最高的文档推荐给用户。

Web 结构挖掘的核心思想是通过 Web 链接结构和关系中获取有用的知识。通过 Web 结构挖掘我们可以对页面进行分类和聚类，找到最相近的文档和最高质量的文档，这让检索的效率和检索的精确率大幅度提高，同时文档之间的链接关系可以方便进行网络上文档的采集，使文档的获取效率得到提高。

三是 Web 使用挖掘。

Web 挖掘中与传统数据挖掘技术最相近的领域就是 Web 使用挖掘。通常传统数据挖掘多采用的方法是聚类或者分类，这些方法都可以在 Web 使用挖掘中得到应用。

通常来说，Web 使用挖掘将会对服务器端的客户访问日志或客户的浏览信息进行分析和整理从而获得用户的兴趣模式。用户访问过程中的访问路径的转换存在着一定的规律，发现此规律并找到其中所蕴含的信息是 Web 使用挖掘的重要内容，通常也是 Web 使用挖掘的关键所在。

Web 日志挖掘首先要自动、快速地获取用户的浏览模式，并对其分析，如频繁访问页面、用户频繁访问路径、相似用户聚类等。为了更方便用户浏览，获取用户浏览模式后，有些站点依据用户浏览模式对站点结构进行手动改进，以尽可能地方便用户浏览。还有一些更加先进的、自动化程度更高的方法，其通过用户的浏览模式自动更新调整站点结构，依据用户浏览模式定制链接结构和网页内容，该方法自动化程度很高，具有动态性，相对于用户来说提供了更具个性化的服务。

Web 日志挖掘通常又分为数据预处理和相应的挖掘算法两部分，原始日志信息存在大量冗余信息，需要从中找到规律对冗余信息进行清除，以获取有价值的信息，因数据预处理后的信息是日志挖掘算法的输入信息，所以其将数据预处理的好坏将会严重影响最终输出的质量。同时一个好的数据挖掘算法也是保证最终挖掘成功的根本保证。现有的 Web 日志数据挖掘多从这两个方面进行研究。

一、隐性数据挖掘

目前的推荐方法注重用户显性评价信息的使用，忽略了隐性客户浏览行为所蕴含的重要信息价值。利用 Web 数据挖掘对服务器日志进行数据挖掘，从而发现用户的行为模式以获取隐性的用户评价数据。用户对产品的评价值会被从服务器 Web 日志，以及用户交易数据库中提取，经过进一步处理后，会得到用户隐性评价矩阵。隐性数据挖掘主要有两个阶段：数据预处理和用户行为模式发现。数据预处理包括：数据整理、用户识别、会话识别等。用户行为模式主要发现：关联规则、序列模式、使用模式聚类、页面聚类、用户聚类等。

依据 Cho 和 Kim 的研究，客户对产品的评价可以通过对顾客行为模式的分析获得，客户主要行为模式如下：

①点击：客户点击网页产品的超链接。

②放入购物车：客户将产品置入购物车。

③交易完成：客户购买了产品完成购物交易。

基于以上行为，所有的产品可以被归为以下四类中的一类：①购买的产品；②置入购物车的产品；③点击浏览的产品；④其他产品。

四类产品两两之间存在一种隶属关系，如购买的产品属于置入购物车的产品，置入购物车的产品属于点击浏览的产品等。基于以上分析，我们可以得到不同的产品偏好序列集和：［未点击浏览的产品集］ <［点击浏览的产品集］ <［置入购物车的产品集］ <［完成交易的产品集］，用户对上述产品集的偏好依次增强，所以推荐实施时，我们赋予完成交易集的产品较高的权重，置入购物车产品集权重次之，其他依次类推。

对于影片数据来说我们可以将用户行为模式分为以下三类：

①点击影片：客户点击影片的超链接并浏览内容简介。

②观看影片：客户对影片进行了观看。

③观影完成：客户完成了影片的观看。

影片网站目前多为在线观看，如果点击了影片内容简介的超级链接我们认为用户完成了行为模式①，如果点击了在线观看的超级链接并且产生了一定的下载流量，我们认为用户完成了行为模式②，如果用户点击了在线观看的超级链接并且下载流量等于或接近于影片的原始大小，我们认为用户完成了影片的观看。

同样基于以上分析，可以得到不同的影片偏好序列集和：［未点击浏览的影片集］ <［点击浏览的影片集］ <［观看的影片集］ <［观影完成的影片集］，用户对上述影片集的偏好依次增强，所以推荐实施时我们赋予完成观看的影片较高的权重，观看但未完成的影片集权重次之，其他依次减小。

二、隐性评价数据的处理

网站服务器跟踪用户会话，记录用户访问操作路径，然后存储在访问日志中。日志中的数据是按照所有用户的访问的时间顺序存放的，同时由于一些特殊的原因会导致产生错误的日志，或者日志缺失，必须进行处理，步骤如下。

1. 将产品映射为标识符

第一步，分析网站产品结构，将产品用唯一的 URL 来标识。如网站中产品数据库中用以下形式表示：

[A，1253，2，23.3，李峰，…]

[A，1254，4，22，王顺天，…]

其中，A 是每一行开始的标识符，接下来的序号表示产品 ID，后面依次是“价格”“作者”等不同产品特征的描述。我们以［1253，1254，…］这样的集合 ID 序列来表示，这为后面的数据分析提供了很大的方便。

2. 解析访问路径

在 Web 访问日志，网络所有用户的访问过程杂乱无章，而且不同的用户访问过程彼此交叉重叠，从中直接发现有价值的信息比较困难，必须对其进行处理。下一个数据处理的主要目标是要把原始的日志数据转换为向量数据。假如访问日志中用户访问路径的原始数据格式如下：

[C，#10001 ＊V，1038，#时间#，＊V，1026，#时间#，＊V，1034，#时间#，…]

每个用户由一个序号表示如：#10001。数据格式中，“C”开头的代表一个新客户的访问记录开始，“＊V”开头的表示这个用户访问的一个项目。其中“1038”表示产品标识，#时间#表示当时访问时间。数据处理的目标是抽象出每个用户的访问路径，存储在一个向量中。比如对于#10001 用户，我们可以用［1038，1026，1034］这样的向量来表示它的访问路径，以访问的时间先后顺序排列产品。

3. 删除访问路径中短时间内的重复节点

在解析出的路径中，经常出现短时间内连续多次访问同一个产品的情况，这可能是由于用户端的 Cache 机制等所造成的，所以要删除短时间内重复的节点。

根据筛选规则，得到的一条处理后的某用户访问向量，其格式

如下：

［10003，1064，1065，1028，1007，1064，1026，1052，1064，1028］

对向量处理可以得到 ID 为 10003 的用户对 ID 为 1064 的产品总访问点击次数为 3，对 ID 为 1028 的项目总访问点击次数为 2，其他依次类推，可以用 p_{ij}^{c} 来表示。

放入购物车与交易完成的日志类似在此不再赘述，用户 i 对项目 j 放入购物车次数即可以用 p_{ij}^{b} 来表示。

用户 i 对产品 j 购买次数同样对日志进行处理，日志如下：

［#10001，1034，1，1065，2，#购买时间#，…］

依次表示用户 ID，购买项目 ID，购买次数，购买时间等数据。选取某用户已完成的记录对其处理，可得到用户 i 对产品 j 的购买次数（注意：一条订单可能购买多件产品）。用户 i 对产品 j 的购买次数可以用 p_{ij}^{p} 来表示。

基于对用户原始操作日志进行数据挖掘获取的用户 i 对项目 j 的总点击次数，放入购物车次数和购买次数，分别用 p_{ij}^{c}，p_{ij}^{b}，p_{ij}^{p}表示，可以得到一个用户特征（隐性评价）矩阵 $P=(p_{ij}), i=1,\cdots,m$（用户总数）, $j=1,\cdots,n$（产品总数），其公式如下：

$$p_{ij}=\omega_{c}\times\frac{p_{ij}^{c}}{\sum_{i=1}^{m}p_{ij}^{c}}+\omega_{b}\times\frac{p_{ij}^{b}}{\sum_{i=1}^{m}p_{ij}^{b}}+\omega_{p}\times\frac{p_{ij}^{p}}{\sum_{i=1}^{m}p_{ij}^{p}}$$

式中 p_{ij} 为标准化后的 p_{ij}^{c}，p_{ij}^{b}，p_{ij}^{p}的和，代表用户 i 对产品 j 的偏好评价值 $\omega_{c}, \omega_{b}, \omega_{p}$（$\omega_{c}+\omega_{b}+\omega_{p}=1$）依次为不同产品集对最终偏好评价值的贡献权重，对其归一化处理后 p_{ij} 取值为 0 到 5 区间。

对用户原始操作日志进行数据挖掘，分别对用户浏览行为，用户将产品置入购物车行为，用户购买行为进行挖掘得到用户顾客浏览产品的偏好统计表、顾客置入购物车的偏好统计表、顾客购买次数的偏好统计表，如表 2－4、表 2－5、表 2－6 所示：

表 2-4　　用户顾客浏览产品的偏好统计表

目标用户	产品1	产品2	产品3	产品4	产品5	产品6	产品7	产品8	产品9	产品10
p_{ij}^{c}：顾客浏览产品的偏好										
A	5	4	1	0	2	0	0	0	0	2
B	1	0	0	3	1	4	0	2	0	0
C	0	0	2	0	1	0	2	0	3	0
D	2	1	2	1	7	1	5	2	2	3
E	0	4	1	6	1	6	1	1	1	1

表 2-5　　顾客置入购物车的偏好统计表

目标用户	产品1	产品2	产品3	产品4	产品5	产品6	产品7	产品8	产品9	产品10
p_{ij}^{b}：顾客置入购物车的偏好										
A	4	2	0	0	1	0	0	0	0	1
B	0	0	0	1	0	1	0	1	0	0
C	0	0	0	0	0	0	0	0	1	0
D	0	0	1	0	3	0	3	1	1	2
E	0	1	0	2	0	4	0	0	0	0

表 2-6　　顾客购买次数的偏好统计表

目标用户	产品1	产品2	产品3	产品4	产品5	产品6	产品7	产品8	产品9	产品10
p_{ij}^{p}：顾客购买次数的偏好										
A	2	1	0	0	1	0	0	0	0	0
B	0	0	0	1	0	1	0	1	0	0
C	0	0	0	0	0	0	0	0	1	0
D	0	0	1	0	2	0	2	1	1	2
E	0	0	0	2	0	3	0	0	0	0

对上述偏好矩阵进行处理得到最终隐性偏好矩阵，为了与用户对产品实际的评分矩阵一致，将隐性偏好值定义到［0，5］区间。实际情况中，如果用户有两次购物完成的记录，说明用户对该产品非常喜欢，此处可以直接给出最高评分值5分。

最终得到的隐性评分矩阵如表2－7所示：

表2－7　　顾客隐性评分矩阵

目标用户	产品1	产品2	产品3	产品4	产品5	产品6	产品7	产品8	产品9	产品10
p_{ij}：顾客隐性偏好评分										
A	5	4	0	0	1	0	0	0	0	1
B	1	0	0	1	0	1	0	2	0	0
C	0	0	1	0	0	0	0	0	2	0
D	2	1	3	0	5	0	5	2	1	5
E	0	3	1	5	0	5	0	1	0	1

得到隐性评分矩阵后，推荐过程的其他步骤，同用户显性评分矩阵类似，在此不再赘述。

第八节　其他推荐方法

以上几种方法是推荐方法研究最热点的领域，但在不同的应用场景下也有一些其他的推荐算法也取得了不错的成绩。如基于用户统计信息的推荐，基于效用的推荐（utility－based recommendation），基于知识的推荐（knowledge－based recommendation）等。

1. 基于用户统计信息的推荐

用户的个人社会属性信息可以被用来对用户进行分类，基于不用的用户聚类实施有针对性地推荐，该方法不需要用户的历史记录作为基础数据，该方法的基本思想与协同过滤基本相同，只不过是协同过滤使用的是用户对项目的评分数据进行相似用户的聚类，而基于用户统计信息的推荐使用用户的个人社会属性信息进行用户相似性计算，不需要用户的历史数据。部分学者也提出了将基于用户的个人社会属性信息的推荐与前面的推荐方法相结合的思想，但该方法所使用的用户个人社会属性信息有可能会涉及用户的个人隐私。

2. 基于效用函数的推荐系统

该方法的核心问题是为系统用户创建一个效用函数，然后根据用户使用项目的效用函数来实施推荐，同时考虑一些相应的非产品属性信息，如产品的可用性（product availability）以及提供商的可靠性（vendor reliability）信息等。

该方法最大的优点是能够把项目的非自身属性考虑进来，使得推荐更加全面，同时使得推荐系统的个性化程度更强。但该方法最大的困难是如何创建合适的效用函数，所以该方法不具有通用性，只是在特定的领域具有应用价值。

3. 基于知识的推荐

在某种程度上可以看成是一种推理（inference）技术。它不是建立在用户需要和偏好基础上推荐的，而是利用针对特定领域制定规则（rule）来进行基于规则和实例的推理（case－based reasoning）。该方法也不需要考虑用户的历史数据，基于知识的推荐的核心是使用功能知识进行推理，功能知识定义为某项目如何满足用户需要的知识，功能知识解释的需要和推荐之间的关系。

第九节　推荐相关技术评析

不同的推荐算法具有不同的特点，针对不同的环境、不同的数据集推荐效果也不同，没有通用的算法。基于内容的推荐算法对于很难进行特征提取与表示的项目捉襟见肘，且无法分析产品的质量，同时只能推荐与用户历史上曾经选择的项目相似的项目，无法发现用户新的购物兴

趣，对于新注册用户问题也无能为力。协同过滤推荐技术克服了基于内容推荐的部分弊端，自动化程度稍高。但是协同过滤要依赖丰富的历史数据，否则推荐质量就会急剧降低，现有阶段存在严重的稀疏性问题，同时存在用户和项目的冷启动问题。混合推荐按照不同的集成方式，特点差异很大，实际应用中效果并不是很好。同时其他推荐技术也表现出了很强的针对性。

几种推荐技术基本内容的比较见表2－8。

表2－8　　几种主流推荐技术基本内容比较

推荐方法	背景条件	推荐输入	主要过程
协同过滤推荐	用户U对项目I的评价	用户U对项目I的评价数据	识别与用户U的相似偏好的邻居用户，依据其生成推荐
基于内容的推荐	项目I的属性特征	项目I的特征数据及用户U的特征数据	用户U购物特征与项目I特征的匹配
关联规则推荐	用户U对项目I的浏览或购买历史	用户U浏览历史数据及购买历史数据	挖掘关联规则并依据关联规则生成推荐
基于用户属性信息的推荐	用户U的人口统计信息	关于用户U的人口统计数据	识别与用户U的相似用户，并依据其生成项目I的评分
基于效用推荐	项目I的特征	描述用户U对项目I的效用函数	把效用函数应用于各项目I，并生成项目排序
基于知识推荐	项目I的特征以及项目I如何满足用户U的知识	用户U的需要和对用户描述的数据	知识的表示与推理

几种主流推荐技术的优缺点比较见表2－9。

表2－9　几种主流推荐技术优缺点比较

推荐算法	优点	缺点
基于内容的推荐	1. 推荐结果直观易理解 2. 对用户历史访问数据依赖程度低 3. 没有冷启动和稀疏性问题 4. 有成熟的技术支持	1. 受项目特征提取与表示所限 2. 新用户问题 3. 聚类需要大量基础数据支持 4. 扩展性差
协同过滤推荐	1. 不需要专业知识 2. 随着用户评分数量增加，推荐效果会越来越好 3. 自动 4. 可以推荐用户感兴趣的新项目 5. 可以处理非结构化项目，如音乐，电影等	1. 冷启动问题 2. 扩展性差 3. 新用户和新项目问题 4. 推荐质量受历史数据限制
基于关联规则的推荐	1. 发现新兴趣 2. 不需要领域知识	1. 关联规则抽取困难、耗时 2. 项目名同义性问题 3. 个性化程度低
基于用户属性信息推荐	1. 新兴趣发现 2. 无新用户问题 3. 不需要预先获取领域知识	1. 用户人口属性难得到 2. 会有用户隐私问题
基于效用的推荐	1. 没有冷启动和稀疏性问题 2. 对用户偏好变化敏感	1. 用户必须设计效用函数 2. 静态推荐，灵活性差 3. 会有属性重叠
基于知识的推荐	1. 能够依据用户需求推荐产品 2. 不需要考虑项目属性	1. 知识很难获取并量化 2. 不够灵活

第三章　基于 Vague 集理论的产品分类树

第一节　Vague 集相关理论介绍

一、Vague 集相关理论产生背景

1965 年，Zadeh 教授提出了模糊集（Fuzzy sets）理论，被广泛应用到不确定信息表示和处理的有关应用上来。Fuzzy 集理论承认差异具有中间缓慢过渡，即承认隶属关系是一个渐变的过程，即一个 Fuzzy 集 F 作为一类对象，可以同时满足某个（或几个）性质，每个对象隶属于不同性质（满足该性质）的程度不同，通常定义隶属函数 $\mu_F(x)(x \in X)$，该函数给每个对象分派数值作为它的隶属度，该数值在［0，1］区间。在 Fuzzy 集中通常隶属函数给每个对象分派一个［0，1］区间的单值，该单值既包括支持 $x \in X$ 的程度，也包括反对 $x \in X$ 的程度，它不可能同时表示支持和反对的证据。

Gau 和 Buehrer 最早在文献给出了一个投票模型，某次投票活动中，通常不仅仅需要人们的支持率，了解人们的反对率和弃权率同样重要。基于此设想，Gau 等给出了 Vague 集理论的相关概念，其作为模糊集的一个扩展，Vague 集理论同 Atanassov 的直觉模糊集非常相近，Vague 集理论的最大优点是在给出支持的证据同时也给出反对的证据，因而能更为全面地表达模糊信息。Vague 集中某对象 x 隶属于某 Vague 集的隶属函数也在［0，1］区间，定义为 $[t_v(x), 1-f_v(x)]$，其中 $t_v(x)$ 以及

$f_v(x)$ 分别表示 x 属于 Vague 集 V 的真隶属度和假隶属度，其中 $t_v(x)$ 表示支持 x 隶属于 Vague 集的程度，$f_v(x)$ 表示反对 x 隶属于 Vague 集的程度。

Vague 集于 1993 年提出，近几年来有了很大的进展，在不同的领域得到了广泛的应用。S. M. Chen、D. H. Hong、H. Choi 将 Vague 集理论应用到了模糊决策，并给出了 Vague 值间的相似度量（similarity measures）的概念。同时 Vague 集理论在模糊控制器设计、多目标模糊决策、多属性决策问题求解等方面也取得不错的成绩。Vague 集同 Fuzzy 集相比，在表示和处理具有模糊性的不确定性方面具有更大的优势。

二、Vague 集理论的基本思想

1. Vague 集的基本定义

定义 1：设 U 是一个论域，对 U 中的任何一个元素 u，U 中的一个 Vague 集 A 用 $t_A(u)$（真隶属度函数）和 $f_A(u)$（假隶属度函数）分别表示，$t_A(u)$ 是从支持 u 的证据所得到的 u 的隶属度的下界，$f_A(u)$ 是从反对 u 的证据所得到的 u 的隶属度的下界，$t_A(u)$ 和 $f_A(u)$ 将会把区间［0，1］中的一个具体实数同所在论域 U 中的一个具体点进行映射，即：$t_A: U \to [0, 1]$；$f_A: U \to [0, 1]$，其中，$t_A(u) + f_A(u) \leqslant 1$。

由上述定义可知，在 Vague 集中，u 的隶属度被范围是一个在［0，1］上的子空间 $[t_A(x), 1 - f_A(x)]$ 内。其中 $t_A(x)$ 是 Vague 集 A 的真隶属度函数，表示支持 $u \in A$ 的证据的程度，$1 - f_A(x)$ 则表示支持 $u \in A$ 的证据的程度。这样，u 的不确定性就可以通过差 $1 - f_A(x) - t_A(x)$ 来表示，假设该差值过小，表明我们已经比较精确的知道 u，若该差过大，表明关于 u 目前知道的很少，如果 $1 - f_A(x) = t_A(x)$，表明已经非常精确的确定 u，此时 Vague 集等同于 Fuzzy 集。如果 $1 - f_A(x)$ 和 $t_A(x)$ 均为 1 或 0，这取决于 u 到底是属于或者不属于 Vague 集，此时关于 u 的

信息是精确的，那么 Vague 集就退化为普通集合。

设 A 为一 Vague 集，$u \in U$，当 U 连续时，记：

$$A = \int_U [t_A(u), 1 - f_A(u)]/u, u \in U$$

当 U 离散时，记：

$$A = \sum_{i=1}^{n} [t_A(u_i), 1 - f_A(u_i)]/u_i, u_i \in U$$

同时，称 $[t_A(u), 1 - f_A(u)]$ 为对象 u 的 Vague 值表示。Vague 集逻辑上的意义，我们仍然用投票的形象模型进行解释。设存在 Vague 集 A，$u \in U$，Vague 值为［0.6，0.8］，即：$t_A(u) = 0.6$，$f_A(u) = 1 - 0.8 = 0.2$。此时，可理解为：u 隶属于 A 的支持程度为 0.6，不隶属于 A 的反对程度为 0.2。假定投票总数为 10，可以理解为其赞成票数为 6 票，其反对票数为 2 票，其弃权票数为 2 票。

定义 2：设 U 为一论域，则 Vague 集 A 的补集 $\bar{A}$ 定义为：$\forall u \in U$，$t_{\bar{A}}(u) = f_A(u); 1 - f_{\bar{A}}(u) = t_A(u)$。

定义 3：设 U 为一论域，若 Vague 集 A 和集 B 相等，即：$A = B$，当且仅当 $t_A(u) = t_B(u); 1 - f_A(u) = f_B(u)$。

定义 4：设 U 为一论域，若 Vaguc 集 B 包含 Vague 集 A，即：$A \subseteq B$，当且仅当 $t_A(u) \leqslant t_B(u)$；$1 - f_A(u) \leqslant 1 - f_B(u)$。

上述定义中并没有使用子区间包含（即 $t_A(u) \leqslant t_B(u)$，$1 - f_A(u) \geqslant 1 - f_B(u)$），这是因为依据真隶属函数和假隶属函数其下界的定义，前者更为合理。$A \subseteq B$ 的意思是集合 A 的真隶属度下界即为集合 B 的真隶属度下界，（即：$t_A(u) \leqslant t_B(u)$），而集合 B 的假隶属度下界也即为集合 A 的假隶属度下界，（即：$f_B(u) \leqslant f_A(u) \Leftrightarrow 1 - f_A(u) \leqslant 1 - f_B(u)$）。当真假隶属度定为 1 或 0 时，那么关系 $A \subseteq B$ 便回归到传统的意义，即：$u \in A \rightarrow u \in B$ 和 $u \notin B \rightarrow u \notin A$。

定义 5：设 U 为一论域，定义 Vague 集 C 为 Vague 集 A 和集 B 的交集，即：$C = A \cap B$，则其真隶属函数和假隶属函数为：$t_C(u) =$

$\max(t_A(u),t_B(u))$，$1-f_C(u)=\max(1-f_A(u),1-f_B(u))=1-\min(f_A(u),f_B(u))$。

2. Vague 集的基本运算与性质

定义 6：设 Vague 集 $C=A\cup B$，当且仅当 $\forall x\in X$，$t_C(x)=t_B(x)\vee t_A(x)$，$t_C(x)=f_B(x)\wedge f_A(x)$。

定义 7：设 Vague 集 $C=A\cap B$，当且仅当 $\forall x\in X$，$t_C(x)=t_B(x)\wedge t_A(x)$，$t_C(x)=f_B(x)\vee f_A(x)$。

设有 Vague 集 A、B、C，则具有下列性质：

性质 1：$A\cup B=B\cup A;A\cap B=B\cap A$；

性质 2：$A\cup A=A;A\cap A=A$；

性质 3：$A\cup(B\cup C)=(A\cup B)\cup C;A\cap(B\cap C)=(A\cap B)\cap C$；

性质 4：$A\cup[1,1]=[1,1];A\cap\varnothing=\varnothing$。

3. 基于 Vague 值的相似性计算

Vague 值是在［0，1］范围内取值，两个 Vague 值相似性比较即为在区间范围内的相似性度量。设 x,y 的 Vague 值分别为 $[t_x,1-f_x]$，$[t_y,1-f_y]$，若 $t_x=t_y$ 且 $f_x=f_y$，则称 x 和 y 相等，即二者完全相似。Vague 值相似性度量，应考虑以下内容。

（1）Vague 值两端距离

Vague 值两端距离越近，则相似度越高。如有下列 Vague 值 $a=[0.1,0.6]$，$b=[0.1,0.7]$，$c=[0.1,1.0]$，Vague 值 a 和 b 两端距离分别为 0 和 0.1，而 a 和 c 两端距离为 0 和 0.4，可以得出 a 和 b 相似程度要大于 a 和 c 相似程度。

（2）Vague 值核距离

依据 Vague 值定义，$s(x)=t_x-f_x$ 为 Vague 值的核，其代表了现有数据对 x 的肯定隶属度和否定隶属度的对比。Vague 值核也是相似性度量重点考虑的因素。

（3）Vague 值未知度距离

未知度 $w_x = 1 - t_x - f_x$ 反映的是 Vague 值不确定性信息。其对表征 Vague 值相似性具有重要意义，如果一个未知度大另一个未知度小，则两者之间相似度比较小。

（4）未知度在肯定，否定和中立三者之间所占的比例

比如有 10 名用户参与投票活动，1 人投赞成票，1 人投反对票，8 人为中立。中立的用户无从知晓对于赞成还是反对的倾向趋势。通常采用比例法对 Vague 值未知量进行分解。比例法根据不同的权重有多种划分方法。设某 Vague 值 x ，其中 t_x、f_x、w_x 分别表示肯定度、否定度、未知度。文献依据三维表示法得到新的肯定度、否定度、未知度，分别为：$t_x + t_x \times w_x$，$f_x + f_x \times w_x$，$w_x \times w_x$。

基于以上分析，Vague 区间距离、核距离、未知度距离是 Vague 值相似性计算的关键因素。Vague 值的相似性计算应该包含以上三个因素，并统筹考虑各因素在计算 Vague 值相似性所占的权重，如果相似性计算不能统筹考虑以上因素，则该计算方法可能不合理，Vague 值相似性度量不仅仅从性质入手，还应考虑必要因素。

Vague 值相似性度量的评价标准：该方法必须统筹考虑两个 Vague 值区间距离，$|t_x - t_y|$ 和 $|f_x - f_y|$ ，核距离 $|s_x - s_y|$ 以及未知度间的距离 $|w_x - w_y|$ 。同时该相似性度量方法能够很好地对两个 Vague 值加以区分。

三、Vague 集理论与电子商务推荐

崔春生在 2011 年首次借助 Vague 集理论并提出了一种基于 Vague 集理论的推荐系统，首次利用 Vague 相似性公式探讨了项目的相似性关系，并将最终推荐结果与经典的模糊集理论进行比较，指出利用 Vague 值相似性进行产品相似性度量更精确，并对基于内容推荐系统存在商品特征难以表示问题提出了解决思路，其核心思想是将项目特

征利用 Vague 值形象的表示，确定项目特征的肯定隶属度，否定隶属度以及未知度，在此基础上应用 Vague 值相似性计算公式进行产品的相似性计算，并依据产品相似性形成产品的最近邻居，最终依据用户对推荐产品的最近邻居的评分，来预测待推荐产品的评分以决定是否实施推荐。

崔春生所提出的推荐系统借助于 Vague 值相似计算更精确地得到了产品的相似性，依据产品相似性，提出当前用户未评分产品的评分值可以用该产品最相似产品的评分值加以预测，由于产品 Vague 值相似性计算其本质为产品特征的相似性，忽略了产品的内在质量，即两种产品虽然在属性特征上非常相似，其内在品质可能截然不同，如同属于一种类型的影片大众对它们的评价可能截然不同。但我们也承认 Vague 值理论在产品相似性计算，进而进行产品聚类这一领域给我们提供了一种新的思路，本书借鉴 Vague 值思想将其应用于产品分类中，通过更为精确的基于 Vague 值的产品相似性计算将产品依据其属性特征分为若干个种类，并依据特征之间的隶属关系生成产品分类树，依据用户的兴趣预设种子类，项目的推荐在种子类内进行，该思想能够大幅度地缩减需处理的数据的维度，同时依据产品的细分使得推荐更有针对性以提高推荐的质量，后面章节将详细介绍产品特征的 Vague 值提取及相似性计算以及产品分类树的形成过程。

第二节 产品特征的提取与表示

一、产品特征的提取

本书所采用的符号我们作以下约定：

用 I_j（$j=1, 2, \cdots, n$）来代表项目空间，n 为项目数量。用 $X\{x_1, x_2, \cdots, x_L\}$ 来表示项目的特征空间向量，L 为项目特征属性数量。

用 $x_{x_k}(I_j) = <t_{x_k}(I_j), 1-f_{x_k}(I_j)>$ 来表示项目特征 x_k（$k=1$，2，…，L）的 Vague 值函数。$t_{x_k}(I_j)$ 为项目特征 x_k 的肯定隶属函数，用来表示项目 I_j 相对于最优特征值 x_k（$k=1$，2，…，L）的接近程度。$f_{x_k}(I_j)$ 为项目特征 x_k 的否定隶属函数，用来表示项目 I_j 相对于最劣特征值 x_k（$k=1$，2，…，L）的接近程度。$\pi_{x_k}(I_j)$ 为项目特征 x_k 的未知度，用来表示项目 I_j 相对于特征 x_k 的未知度。

Vague 集理论认为，肯定隶属度和否定隶属度以及未知度之间存在以下关系：$\pi_{x_k}(I_j) = 1 - t_{x_k}(I_j) - f_{x_k}(I_j)$。

项目特征提取与表示过程：

项目的相似性计算核心为对项目特征进行提取并利用 Vague 值表示，在此基础上进行项目相似性计算。依据 Vague 集理论，项目特征的提取如下。

定义项目特征属性：项目有多个特征属性，如电影特征属性集合可表示为 $X=$ {枪战，爱情，情感，伦理，恐怖，侦探，古装，…}，可用 x_k 表示为 $X\{x_1, x_2, x_3, \cdots\}$。

二、项目特征的 Vague 值表示

1. 确定项目特征的肯定隶属度

依据 x_k 与项目相关性程度降序排列。表示为 $X\{x_8, x_5, x_3, \cdots\}$，第 8 个属性相关性最高，其他依次降低。定义 $t_{x_k}(I_j)$ 为项目 I_j 属于特征 x_k 的肯定隶属度，即特征 x_k 与项目 I_j 的相关程度。$X\{x_8, x_5, x_3, \cdots\}$ 中各特征 x_k 肯定隶属度依次降低。

如项目只有一个特征，则 $\begin{cases} t_{x_k}(I_j) = 1, & k=1 \\ t_{x_k}(I_j) = 0, & k=2, 3, 4, \cdots, L \end{cases}$

如果项目有两个特征，则 $\begin{cases} t_{x_k}(I_j) = 0.9, & k=1 \\ t_{x_k}(I_j) = 0.4, & k=2 \\ t_{x_k}(I_j) = 0, & k=3, 4, \cdots, L \end{cases}$

如果项目有三个特征，则$\begin{cases} t_{x_k}(I_j)=0.7, & k=1 \\ t_{x_k}(I_j)=0.5, & k=2 \\ t_{x_k}(I_j)=0.2, & k=3 \\ t_{x_k}(I_j)=0, & k=4,5,\cdots,L \end{cases}$

文献认为肯定隶属度的取值基本符合 Gaussian 函数特性，依据 Gaussian 函数定义 x_k 的肯定隶属度为：

$$t_{x_k}(I_j)=\frac{r_k}{2^{\sqrt{\alpha|L_j|(r_k-1)}}}$$

其中 $|L_j|$ 表示商品的特征数量，$r_k(1\leqslant r_k\leqslant|L_j|)$ 表示特征 x_k 所在的排序位置。$\alpha>1$ 是需要确定的常数，其会影响到取值的连续性。假设电影有八个基本属性{枪战，爱情，情感，伦理，恐怖，侦探，古装，武打}，分别表示为：x_1，x_2，x_3，x_4，x_5，x_6，x_7，x_8。如电影 I_1 有 5 个特征{情感，伦理，爱情，恐怖，枪战}，取 $\alpha=1.25$，运用 Gaussian 函数得到：$t_{x_3}(I_1)=1$，$t_{x_4}(I_1)=0.3536$，$t_{x_2}(I_1)=0.2598$，$t_{x_5}(I_1)=0.1986$，$t_{x_1}(I_1)=0.1573$。电影 I_2 具有六个特征{情感，武打，古装，伦理，爱情，侦探}，可以得到 $t_{x_3}(I_2)=1$，$t_{x_8}(I_2)=0.2997$，$t_{x_7}(I_2)=0.2048$，$t_{x_4}(I_2)=0.1493$，$t_{x_2}(I_2)=0.1122$，$t_{x_6}(I_2)=0.0860$。

2. 确定项目特征 x_k 的未知度

商品特征的未知度应以中间值为中心成对称分布，项目最重要特征未知度取值为 0，项目所有特征未知度应满足公式：

$$\sum_{x_k=1}^{L_i}\pi_{x_k}=1$$

故采用三角函数可得到到上例中项目 I_1 各特征的未知度分别为 0，0.25，0.5，0.25，0。项目 I_2 特征未知度为 0，0.166，0.333，0.333，0.166，0。

3. Vague 值表示项目特征

由公式 $1-f_{x_k}(I_j)=\pi_{x_k}(I_j)+t_{x_k}(I_j)$ 可得到项目各特征的 Vague 值。

上例中项目 I_1 的 Vague 值为：$x_{x_3}(I_1) = <1,1>$，$x_{x_4}(I_1) = <0.3536, 0.6036>$，$x_{x_2}(I_1) = <0.2598, 0.7587>$，$x_{x_5}(I_1) = <0.1989, 0.4489>$，$x_{x_1}(I_1) = <0.1563, 0.1563>$。

同理可得项目 I_2 的 Vague 值为：$x_{x_3}(I_2) = <1,1>$，$x_{x_8}(I_2) = <0.2997, 0.4657>$，$x_{x_7}(I_2) = <0.2048, 0.5378>$，$x_{x_4}(I_2) = <0.1493, 0.4823>$，$x_{x_2}(I_2) = <0.1122, 0.2782>$，$x_{x_6}(I_2) = <0.086, 0.086>$。

第三节　相似产品聚类

一、常用聚类算法比较

1. 聚类的定义

聚类（Clustering）指将一组抽象的对象，依据对象之间相似程度分为若干类也称为聚类簇，同属于一个聚类簇的对象之间相似性较高，不同聚类簇之间的对象相似性较差。聚类实际上是由一组彼此相似的对象组成的集合。聚类可以减小对象维度空间，在实际应用中带来很大的便利。

聚类数学描述如下：

假定样本集为 E，类 C 为 E 的一个非空子集，即：

$C \subset E$，且 $C \neq \varnothing$。

聚类是满足下列条件的类 $C_1, C_2, \cdots, C_k$ 的集合：

（1）$C_1 \cup C_2 \cup \cdots \cup C_k = E$。

（2）$C_i \cap C_j = \varnothing$（对任意 $i \neq j$）。

由条件（1）知，样本集 E 中的任意样本一定属于某类，由条件（2）知，每个样本只能属于某各类。

2. 聚类分析需要的数据结构

聚类需要以下数据结构。

（1）数据矩阵（data matrix）

该矩阵实际表达的是对象—属性的结构。设样本集中有 m 个对象：$x_i(i=1,2,\cdots,m)$，每个对象由 n 个变量来描述，其中第 i 个对象的第 j 个变量的值用 x_{ij} 来表示，则 n 个对象的所有属性值可以看作一个 $m\times n$ 矩阵，如下所示：

$$\begin{pmatrix} a_{11} & \cdots & a_{1n} \\ \vdots & & \vdots \\ a_{m1} & \cdots & a_{mn} \end{pmatrix}$$

（2）相似性矩阵

$$\begin{pmatrix} 1 & \cdots & r(1,n) \\ \vdots & & \vdots \\ r(n,1) & \cdots & 1 \end{pmatrix}$$

其中 $r(i,j)$ 表示第 i 个对象与第 j 个对象的相似度，$r(i,j)$ 满足 $0\leqslant r(i,j)\leqslant 1$，同时 $r(i,j)=r(j,i)$ 与 $r(i,i)=1$，当该数据越接近 1 说明两个对象越相似，该数据越接近 0 说明两个对象越不相似，常用的相似性度量指标有 Pearson 相关系数、余弦相似性等，相似性的度量因矩阵中的数据不同，度量方法也会有所变化。相异度矩阵同相似性矩阵类似，只不过矩阵中的值表达的是两个对象之间的相异程度。数据矩阵中的行和列表示的是不同对象，有时成为双模矩阵（two－mode），而相似性矩阵和相异度矩阵因行和列表示相同的对象，也称为单模矩阵（one－mode）。

3. 聚类分析的基本要求

聚类分析经常面对海量数据，复杂的数据，数据表示方法不统一，混合数据等各种困难所以对聚类分析有以下要求：

①算法效率要高，面对海量的数据算法要有伸缩性。

②处理不同类型数据，除了数值型数据以外，聚类算法能够处理多样的数据类型。

③具有降噪能力，数据中通常会伴有噪声数据，聚类算法要能处理

数据中的未知数据或错误数据。

④处理高维数据，对于具有若干维的数据或属性应有降维能力。

⑤聚类结果应是可解释的，能够被使用者理解及应用。

⑥聚类参数要合理设置，许多聚类算法需要用户事先设定参数，而聚类结果质量受这些参数的影响很大。

⑦数据输入顺序不应敏感，不同的数据输入顺序应该得到相同的聚类结果。

4. 常用聚类方法

常用的聚类方法有分层聚类算法、K－均值聚类算法、神经网络聚类算法等。不同的聚类算法适用于不同的领域，不同聚类算法的比较如表3－1所示。

表3－1　　主要聚类算法比较

类型 / 划分的方法	典型方法	算法效率	适合的数据类型	能够发现聚类形状	消除噪声的能力	处理高维数据的能力	聚类标准	类的标识	算法框架
K－均值聚类算法	K－means	O(knt)	数值型	凸状、球状	弱	较低	距离	代表点	优化
分层聚类方法	Hierarchical	$O(n^2)$	数值型	任意	较强	较高	距离	代表点	优化
神经网络	SOM	较慢	数值型	任意	强	高	概率	概率	优化

其中分层聚类可以将对象聚类为一个树状结构，其可以自上到下聚类，也可以自下到上聚类。分层聚类可以分为凝聚和分裂的分层聚类。其中凝聚分层聚类现将对象归结为一个个小的聚类，然后逐渐合并为更大的聚类形成树状结构。分裂分层聚类先将所有归结为一类，然后逐渐

细分形成更小的聚类，绝大部分聚类属于凝聚分层聚类。通常采用的簇间距离度量公式如下：

最小距离：$d_{min}(c_i,c_j) = \min_{p \in c_i, p' \in c_j} |p - p'|$

最大距离：$d_{max}(c_i,c_j) = \max_{p \in c_i, p' \in c_j} |p - p'|$

平均距离：$d_{avg}(c_i,c_j) = \frac{1}{n_i n_j} \sum_{p \in c_i,} \sum_{p \in c_j,} |p - p'|$

平均值距离：$d_{mean}(c_i,c_j) = |m_i - m_j|$

此处，$|p - p'|$ 是两个对象 p 和 p' 之间的距离，m_i 是簇 c_i 的平均值，n_i 是簇 c_i 中对象的数量。

基于最小距离的凝聚分层聚类步骤如下：

步骤 1：每个对象作为一类，计算对象两两之间的最小距离；

步骤 2：将距离最小的对象合并为新类；

步骤 3：重新计算新类之间的最小距离并合并；

步骤 4：重复步骤 1，步骤 2 直到所有对象合并为一类。

在本章第二节中，对项目的特征进行了 Vague 值提取与表示，利用 Vague 值对项目特征的肯定隶属度，否定隶属度及未知度加以表示，如果能够基于项目 Vague 值表示对项目进行相似性计算，则可得到项目相似性矩阵，基于项目相似性矩阵进行分层聚类可得到产品分类树，下面的章节将详细介绍聚类的原理与过程。

二、聚类原理与过程

项目 I_j 特征采用 Vague 集理论提取与表示后，基于项目 Vague 值可进行项目相似性计算。依据文献的研究，项目 Vague 值相似性的计算公式如下，其中 l 为产品特征数量：

$$simI(I_1,I_2) = 1 - \frac{1}{l}\sum_{i=1}^{l}\left[\frac{1}{2}(|t_{x_i}(I_1) - t_{x_i}(I_2)| + 1 - \frac{1}{l}|f_{x_i}(I_1) - f_{x_i}(I_2)|) + \frac{1}{6}(|\pi_{x_i}(I_1) - \pi_{x_i}(I_2)|)\right]$$

若项目 I_1 的 Vague 值为：

$x_{x_3}(I_1)=<1,1>$，$x_{x_4}(I_1)=<0.3536,0.6036>$，$x_{x_2}(I_1)=<0.2598,0.7587>$，$x_{x_5}(I_1)=<0.1989,0.4489>$，$x_{x_1}(I_1)=<0.1563,0.1563>$。

项目 I_2 的 Vague 值为：

$x_{x_3}(I_2)=<1,1>$，$x_{x_8}(I_2)=<0.2997,0.4657>$，$x_{x_7}(I_2)=<0.2048,0.5378>$，$x_{x_4}(I_2)=<0.1493,0.4823>$，$x_{x_2}(I_2)=<0.1122,0.2782>$，$x_{x_6}(I_2)=<0.086,0.086>$。

利用王伟平所提出的公式进行相似性计算可得两个项目之间的相似性：$simI(I_1,I_2)=0.7522$，其中 l 为项目特征属性的数量。相似性取值为［0，1］之间。该值越小说明项目之间的相似性越大，该值为 1 说明项目之间没有任何相似性。

本书中项目聚类采用的数据为 Movielens 中的公开测试数据集，其网址为 http：//movielens. umn. edu/。Movielens 是一个基于 Web 的电影在线推荐系统，用户可以登录网站对其上的影片进行个人喜好的评分，评分标准为 1～5，同时可以使用该网站提供的相应电影推荐。目前，该站点超过注册用户 40000 人，已经进行评分的电影超过 3600 部。我们从用户评分数据库中选择超过 100000 条评分数据作为实验数据集，实验数据集中共包含 943 个用户和 1682 部影视作品，其中每个用户至少已经对 20 部电影进行了评分。

Movielens 所提供的数据集包括：用户基本信息，电影基本信息，用户对电影的评分数据等基本信息。

其中用户基本信息数据格式如下：

用户编号｜年龄｜性别｜职业｜邮编

1｜24｜M｜technician｜85711

2｜53｜F｜other｜94043

3｜23｜M｜writer｜32067

4｜24｜M｜technician｜43537

5｜33｜F｜other｜15213

6 | 42 | M | executive | 98101

7 | 57 | M | administrator | 91344

8 | 36 | M | administrator | 05201

9 | 29 | M | student | 01002

10 | 53 | M | lawyer | 90703

电影基本信息数据格式如下：

影片编号 | 影片名称 | 发行时间 | 上映时间 | 影片地址 | 动作 | 冒险 | 动画 | 儿童 | 喜剧 | 犯罪 | 纪录片 | 戏剧 | 科幻 | 黑色 | 恐怖 | 音乐 | 神秘 | 浪漫 | 爱情 | 惊悚 | 战争 | 西部 |

1 | ToyStory （1995） | 01 – Jan – 1995 | http：//us. imdb. com/M/title – exact? Toy%20Story%20 （1995） | 0 | 0 | 1 | 1 | 1 | 0 | 0 | 0 | 0 | 0 | 0 | 0 | 0 | 0 | 0 | 0 | 0 | 0

2 | GoldenEye （1995） | 01 – Jan – 1995 | http：//us. imdb. com/M/title – exact? GoldenEye%20 （1995） | 1 | 1 | 0 | 0 | 0 | 0 | 0 | 0 | 0 | 0 | 0 | 0 | 0 | 0 | 0 | 1 | 0 | 0

3 | FourRooms （1995） | 01 – Jan – 1995 | | http：//us. imdb. com/M/title – exact? Four%20Rooms%20 （1995） | 0 | 0 | 0 | 0 | 0 | 0 | 0 | 0 | 0 | 0 | 1 | 0 | 0 | 0 | 0 | 1 | 0 | 0

4 | GetShorty （1995） | 01 – Jan – 1995 | | http：//us. imdb. com/M/title – exact? Get%20Shorty%20 （1995） | 1 | 0 | 0 | 0 | 1 | 0 | 0 | 1 | 0 | 0 | 0 | 0 | 0 | 0 | 0 | 0 | 0 | 0

5 | Copycat （1995） | 01 – Jan – 1995 | | http：//us. imdb. com/M/title – exact? Copycat%20 （1995） | 0 | 0 | 0 | 0 | 0 | 1 | 0 | 1 | 0 | 0 | 0 | 0 | 0 | 0 | 0 | 1 | 0 | 0

其中，电影共有 18 个属性特征，每部影片有属性特征字段用 0 和 1 表示，字段值为 1 表明该影片具有该属性。如编号为 1 的影片，具有 | 动画 | 儿童 | 喜剧三个属性特征。

对于本书中，如果我们每部影片都需要对 18 个属性特征进行

Vague 值表示，并进行相似性计算进而分层聚类显得过于复杂，对于实际应用也没有太大意义。事实证明如果我们能够对影片的三个特征属性，按照影片的隶属程度排序，并进行 Vague 值表示就足以精确的表达电影的相似程度，分层聚类后可得到合理的产品分类树。

第四节　生成产品分类树

一、客户兴趣与种子类

通过对市场环境、竞争对手情况、不同产品类的相对重要性以及风险分析，市场经理和领域专家选取产品分类树中的一些节点（或产品类）作为“种子”，如第二章图 2－4 中虚线部分所示。“种子”的预设是本书下一步工作的基础。我们在“种子”内进行相似用户的聚类，可有效地缩减产品维度空间，降低计算复杂性，同时依据“种子”对客户进行细分，提高了推荐的针对性。本书中“种子”的定义如下：“种子”是产品分类树中的节点的集合，是产品分类树的子集，对任一个从叶子节点到根节点的路径中，只有一个属于该路径的节点属于该子集。若产品或产品的上层类属于“种子”，该产品称为种子产品，该产品类称为种子类。对于一个给定的种子 G，定义对于任意产品其对应的种子类 $Category_G(p)$ 如下：

$$Category_G(p)=\begin{cases}null & p=\text{根节点 and 根节点}\notin G\\ p & p\in G\\ Category_G(parent(p)) & \text{其他}\end{cases}$$

其中 $parent(p)$ 指产品 p 的父节点，第二章图 2－3 所示的产品树中科幻类和言情类是种子类，其下产品为种子产品。在实际的购物环境中用户的需求是多变的，而且难以预测，不同类别产品用户的购物偏好也会有所不同，因此用户的相似性计算，用户聚类，将会分别在每个种子类内完成。

二、产品分类树的生成

本书中所涉及的项目为电影作品，依据 Vague 值相似性进行产品聚类时，初始聚类中心的选择将决定该聚类簇产品的最终特点及类型。如项目的特征属性可能有以下情形 X_1 = {枪战}、X_2 = {枪战,爱情}、X_3 = {枪战,爱情,伦理}、X_4 = {枪战,伦理}、X_5 = {枪战,伦理,爱情}等多种情形，初始聚类中心选择为 X_1 = {枪战}只具有一个属性特征属性项目时，聚类算法将会把所有初始属性为“枪战”的影片聚为一类，即上述5类影片均归为一类。如果初始聚类中心选择 X_2 = {枪战,爱情}，则聚类算法将会把前两个属性为“枪战”、“爱情”的归为一类，上例中 X_2 = {枪战,爱情}、X_3 = {枪战,爱情,伦理}两种类型的影片将会归为一类，而 X_4 = {枪战,伦理}、X_5 = {枪战,伦理,爱情}却不在此类之内。同时我们可以看到产品的属性存在隶属关系。如 X_2、X_4 隶属于 X_1，X_3 隶属于 X_2，X_5 隶属于 X_4，这样就会形成一种项目类之间的隶属关系从而产生产品分类树。因为产品的属性较多，如果穷尽所有的排列组合将会使产品分类树变得非常烦琐，同时一个具有多个属性的项目中，靠后面的几个属性项目的肯定隶属度已经变得很小，实际应用中也没有意义，我们可以忽略不计，所以本书只取前 3 个属性的排列组合。

影片的属性特征如下：

X = {动作，冒险，动画，儿童，喜剧，犯罪，纪录片，戏剧，科幻，黑色，恐怖，音乐，神秘，浪漫，爱情，惊悚，战争，西部}

可用 x_k 表示为 $X\{x_1,x_2,x_3,\cdots,x_{18}\}$。

对于电影的特征隶属表达排序如下：

1（动画、儿童、喜剧）

2（动作、冒险、惊悚）

3（惊悚、恐怖）

4（动作、喜剧、戏剧）

5（犯罪、戏剧、惊悚）

……

利用高斯函数计算影片所属特征属性肯定隶属度矩阵如表 3－2 所示：

表 3－2　　　　影片所属特征属性肯定隶属度矩阵

0	0	0.7	0.5	0.2	0	0	0	0	0	0	0	0	0	0	0	0	0
0.7	0.5	0	0	0	0	0	0	0	0	0	0	0	0	0	0.2	0	0
0	0	0	0	0	0	0	0	0	0	0.9	0	0	0	0	0.4	0	0
0.7	0	0	0	0.5	0	0	0.2	0	0	0	0	0	0	0	0	0	0
0	0	0	0	0	0.7	0	0.5	0	0	0	0	0	0	0	0.2	0	0
…	…	…	…	…	…	…	…	…	…	…	…	…	…	…	…	…	…

其中 $t_{x_k}(I_j)$ 表示第 j 部影片第 k 个属性特征的肯定隶属度。

同样我们利用三角函数或梯形函数可得影片所属属性特征的未知度矩阵如表 3－2 所示：

表 3－3　　　　影片所属属性特征的未知度矩阵

0	0	0.1	0.3	0.1	0	0	0	0	0	0	0	0	0	0	0	0	0
0.1	0.3	0	0	0	0	0	0	0	0	0	0	0	0	0	0.1	0	0
0	0	0	0	0	0	0	0	0	0	0.1	0	0	0	0	0.1	0	0
0.1	0	0	0	0.3	0	0	0.1	0	0	0	0	0	0	0	0	0	0
0	0	0	0	0	0.1	0	0.3	0	0	0	0	0	0	0	0.1	0	0
…	…	…	…	…	…	…	…	…	…	…	…	…	…	…	…	…	…

其中 $\pi_{x_k}(I_j)$ 表示第 j 部影片第 k 个属性特征的未知度。

由公式 $\pi_{x_k}(I_j) = 1 - t_{x_k}(I_j) - f_{x_k}(I_j)$ 可得否定隶属度矩阵如表 3－4 所示：

表 3－4　　影片所属属性特征的否定隶属度矩阵

0	0	0.2	0.2	0.7	0	0	0	0	0	0	0	0	0	0	0	0	0
0.2	0.2	0	0	0	0	0	0	0	0	0	0	0	0	0	0.7	0	0
0	0	0	0	0	0	0	0	0	0	0	0	0	0	0	0.5	0	0
0.2	0	0	0	0.2	0	0	0.7	0	0	0	0	0	0	0	0	0	0
0	0	0	0	0	0.2	0	0.2	0	0	0	0	0	0	0	0.7	0	0
…	…	…	…	…	…	…	…	…	…	…	…	…	…	…	…	…	…

其中 $f_{x_k}(I_j)$ 表示第 j 部影片第 k 个属性特征的否定隶属度。

由项目 Vague 值相似性计算公式可计算得到项目之间的 Vague 值相似性矩阵如表 3－5 所示：

表 3－5　　影片相似性矩阵

0	0.1	0.15	0.320241	0.313907	0.32348	…
0.1	0	0.112	0.353261	0.319113	0.364998	…
0.15	0.112	0	0.362344	0.371804	0.364998	…
0.320241	0.353261	0.362344	0	0.124	0.135	…
0.313907	0.319113	0.371804	0.124	0	0.1198	…
0.32348	0.364998	0.364998	0.935	0.1198	0	…
…	…	…	…	…	…	…

由 Matlab 基于相似性矩阵进行分层聚类，Matlab 中分层聚类函数为 linkage（Y），参数 Y 为项目相似性矩阵，受篇幅所限，我们从整个项目空间内选取有代表性的 18 部影片进行相似性计算，进而基于项目相似性矩阵聚类得到产品分类树状图如图 3－1 所示：

整个项目空间最终得到的产品分类树根节点为 1 个，根节点下第 2 层类节点，依次分为 18 个子类，分别为：动作、冒险、动画、儿童、喜剧、犯罪、纪录片、戏剧、科幻、黑色、恐怖、音乐、神秘、浪漫、爱情、惊悚、战争、西部。第三层类节点为共 $A_{18}^2 = 18 \times 17$ 个子类，依

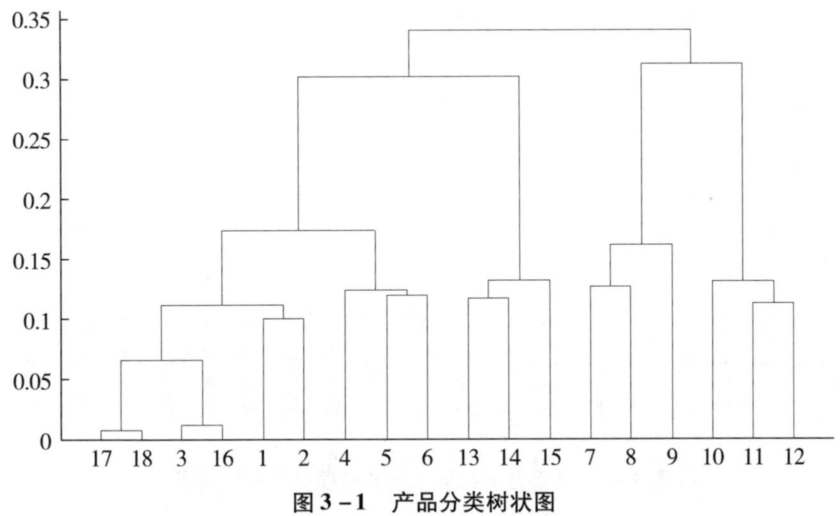

图3－1　产品分类树状图

次为：动作—冒险、动作—动画、动作—儿童、动作—喜剧……第四层类节点共 $A_{18}^{3}=18\times17\times16$ 个子类，依次为：动作—冒险—动画、动作—冒险—儿童……实际推荐过程中我们只在第二层项目类节点内实施相似用户聚类，随着用户数量和项目数量的增加可后续扩展到，第三层类节点或第四层类节点。

属于第4层类节点的类内Vague值相似性维持在0.1～0.3，属于第3层类节点的类内Vague值相似性绝大多数维持在0.5～0.7，属于第2层类节点的类内Vague值相似性很差，绝大多数维持在0.7～1，同时类间相似性也有类似规律。可以看到基于Vague值的项目相似性聚类可以比较精确的依据项目特征属性的不同将项目划分为一种树状的分层分类结构，使得越接近于底层类内相似性最大，越接近上层类内项目相似性越小。同时通过Vague值的量化，将项目的相似性量化到具体的数值，为后面推荐的实施打下了基础。

产品分类树第二层节点的项目数量如图3－2所示：

三、种子类的预设

“种子类”是我们推荐实施的重点，用户的推荐将在种子类内

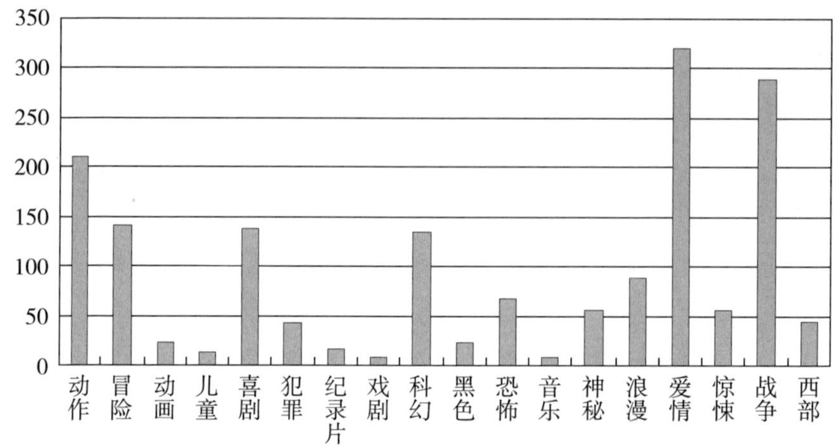

图 3-2　产品分类树第二层节点项目分布柱状图

实施，同属于一个种子类的产品具有最大的产品相似性，使得推荐针对性较高，同时种子类的划分降低了数据计算的复杂度具有重要的意义。

本书中依据用户实时浏览的兴趣进行种子类的预设，如用户浏览了一部属性为“枪战”“爱情”的影片，那么依据前期聚类结果，该类影片即设为种子类，种子类内影片依据与所选影片的 Vague 值相似性大小进行排序，种子类内的产品一定是与目前观影兴趣相似性最高的，种子类的产品称为种子产品。

依据前面章节所述种子类的性质，如果某类产品设为种子类则该类下的子类即成为种子类，该类下的产品包括该类子类下的产品也同时成为种子产品，实际推荐是在种子产品内完成的。如：如果用户选择了一部 $X_1=\{$枪战$\}$ 的影片，则 X_1 即成为种子类，同时因为 X_2、X_4 隶属于 X_1，所以 X_2、X_4 同时成为种子类，X_1、X_2、X_4 下的所有影片均成为种子产品。但是种子产品因与所选影片的 Vague 值相似性不同，在推荐实施基于相似性会存在差异，具体细节后面章节将会介绍。

第五节　项目分类结构图

经过对影片 Vague 值提取与表示，影片 Vague 值相似性计算，基于影片相似性矩阵的 matlab 分层聚类后，最后得到的影片产品分类树如图 3－3 所示：

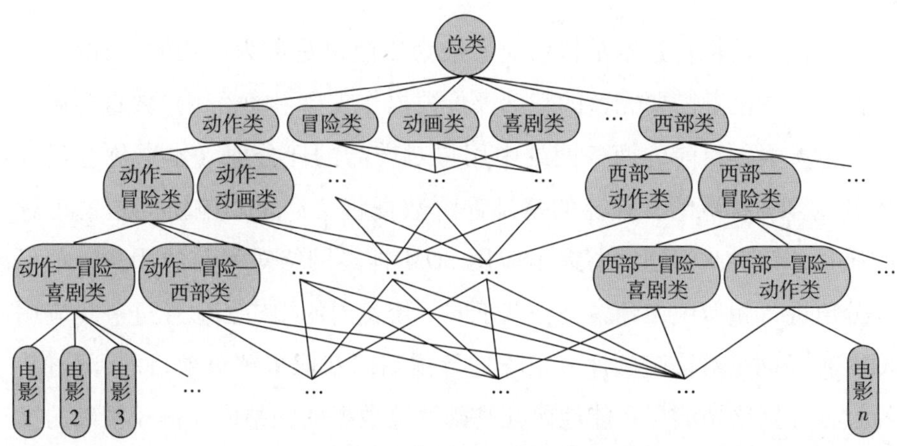

图 3－3　影片产品分类树

第四章　神经网络聚类与预测补值处理

协同过滤推荐技术是目前应用最为广泛也是最为成功的一种技术，但协同过滤推荐需要完整的基础评价数据作支撑，随着用户数量与产品规模的扩大，目前的商务网站中用户对产品的评分值（本书称为显性评分）多为稀疏的，稀疏的基础评价数据将会严重影响协同过滤推荐的质量，针对此问题本书提出应用 SOM 神经网络对稀疏的用户—项目评分值进行相似用户预聚类，基于同一聚类内的用户相似性进一步应用 RBF 神经网络对稀疏的评分矩阵进行预测以获取未评分项目的评分值，经过神经网络预测尽可能地保证基础评分数据的完整以获得较精确的推荐质量。本章将介绍神经网络补值处理的具体思路与过程。

第一节　神经网络基本原理

一、神经网络发展历史

神经网络最初在 1943 年由心理学家 W. S. McCulloch 和数理逻辑学家 W. Pitts 建立，最早称为 MP 模型，实际上它是一种模拟自然界动物神经网络行为的数学模型，其核心思想为依据系统的不同复杂程度对内部大量连接节点之间的连接关系进行调整以进行信息处理。W. S. McCulloch 和 W. Pitts 两位学者基于 MP 模型对神经元的形式化数学描述及其网络结构进行了描述，在此基础上证明了单个神经元也具有逻辑功能执行能力。同时在 1949 年有心理学家提出设想，认为突触联

系强度是可变的，他们的成果使得神经网络得到了更好的发展。进入20世纪60年代，神经网络进一步得到了发展，越来越多具有实际应用意义的网络模型被提出，这其中比较著名的包括自适应线性元件以及感知器等。M. Minsky 等于1969年出版了《Perceptron》一书，他指出感知器对高阶谓词问题的解决能力有限，其论点对神经网络的进一步研究产生了极大的影响，同时在当时阶段的串行计算机和人工智能也取得了非凡成就，其锋芒掩盖了发展新型计算机和人工智能的必要性，使得人工神经网络的研究出现了低潮。虽然如此，在此期间仍然有一些人工神经网络的研究者致力于这一方面的研究，提出了适应谐振理论（ART）、自组织映射等著名的模式，同时也有专家对其基础数学理论进行了进一步的拓展研究，他们的辛苦工作为神经网络的后续发展奠定了坚实的基础。J. J. Hopfield 于1982年提出了 Hopfield 网格模型，并在该神经网络模型上引入“计算能量”的概念，以及如何判断网络稳定性的方法。继而在1984年，他又提出了基于连续时间的 Hopfield 模型。而在1986年有学者提出了并行分布处理的相关理论，他们的工作进一步促进了神经网络技术的发展。神经网络的研究在不同阶段所取得的进展及其所取得的成绩受到了许多国家的重视，其中美国国会决议把1990年1月5日以后的十年定为“脑的十年”，国际研究组织号召它的成员国将“脑的十年”拓展成为全球行为。其中日本的“真实世界计算（RWC）”项目中，神经网络的研究成了一个重要的组成部分。

人工神经网络具有自学习的能力，其通过预先观测的输入和输出数据，这些实践过程中获得的输入与输出数据相互对应，将数据输入神经网络通过网络进行分析并学习以获得输入与输出之间所蕴含的规律，最终依据学习的规律，对新输入的数据用神经网络来进行预测并输出结果，该过程在神经网络中被称为“训练过程”。

二、神经网络特征

以下四个特征是绝大部分神经网络所具备的：

（1）非线性：在真实的自然界非线性关系普遍存在。人脑的思维过程就是一种典型的非线性特征现象。通常来说，神经元具有激活或抑制二种状态，实质上是一种数学上的非线性对应关系。

（2）非局限性：一个神经网络通常由多个神经元进行广泛连接而成并构成一个系统。系统的整体行为不仅取决于神经网络中单个神经元的特征，而更主要由单元之间的相互联结、相互作用、相互影响所决定。通过神经元之间的大量连接来模拟生物大脑的非局限性。

（3）非常定性：人工神经网络能够自适应、自组织、自学习。神经网络不仅可以处理多种数据类型信息，而且在处理信息的同时，非线性系统关系本身也在不断变化。我们经常采用迭代过程描写系统的演化过程。

（4）非凸性：一个系统的演化方向，在一定条件下将取决于某个特定的状态函数。例如能量函数，它的极值相应于系统比较稳定的状态。非凸性是指这种函数有多个极值，故系统具有多个较稳定的平衡态，这将导致系统演化的多样性。

人工神经网络中，每个神经元处理单元可表示不同的对象，比如特征、字母、概念，也可以表征一些有意义的抽象模式。但神经网络中处理单元的类型通常分为三类：输入单元、输出单元和隐藏单元。输入单元将接受经过处理后的外部世界输入的信号与数据；输出单元实现神经网络系统处理结果的输出；隐藏单元则处在输入单元和输出单元之间，是不能从系统外部可以观察到的隐藏单元。神经元之间的连接权值反映了单元间的连接强度，信息的表示和处理体现在网络处理单元的连接关系中，一个典型神经网络的基本模式如图 4－1 所示。

根据学习环境不同，神经网络的学习方式有可分为监督学习和非监督学习，也称为有导师神经网络和无导师神经网络。在监督学习（有导师）神经网络中，网络输入端输入预先获得的样本输入数据，网络输出端输出数据与预先获得的样本期望输出进行比较，将差值作为误差，通过误差信号调整网络权值连接强度，经多次训练后最后会进行网

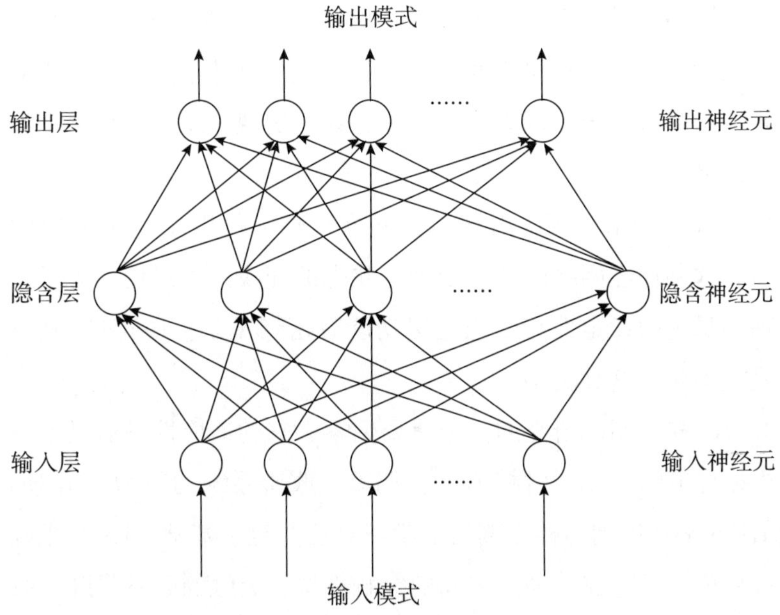

图 4－1　神经网络基本模式

络收敛，并固定为一个相对稳定权值。面对新的环境中新的输入样本数据，网络会进一步学习并重新修改权值进行适应，以获得准确的输出。在非监督（无导师）学习神经网络中，没有给定样本的期望输出，神经网络在具体环境之中进行自学习。竞争学习神经网络是一个典型的非监督学习的神经网络，它根据输入样本数据自学习规则，并进一步调整神经元权值进而建立样本聚类。这其中自组织映射、自适应谐振理论网络等都是与竞争学习有关的典型模型。

三、神经网络基本内容

人工神经网络模型主要考虑网络连接的拓扑结构、神经元的特征、学习规则等。目前，已有近 40 种神经网络模型，其中有反传网络、感知器、自组织映射、Hopfield 网络、波耳兹曼机、适应谐振理论等。根据连接的拓扑结构，神经网络模型可以分为以下两种。

（1）前向网络：网络中各个神经元接受前一级的输入，并输出到下一级，网络中没有反馈，可以用一个有向无环路图表示。这种网络实现信号从输入空间到输出空间的变换，它的信息处理能力来自于简单非线性函数的多次复合。网络结构简单，易于实现。反传网络是一种典型的前向网络。

（2）反馈网络：网络内神经元间有反馈，可以用一个无向的完备图表示。这种神经网络的信息处理是状态的变换，可以用动力学系统理论处理。系统的稳定性与联想记忆功能有密切关系。Hopfield 网络、波耳兹曼机均属于这种类型。

学习是神经网络研究的一个重要内容，它的适应性是通过学习实现的。根据环境的变化，对权值进行调整，改善系统的行为。由 Hebb 提出的 Hebb 学习规则为神经网络的学习算法奠定了基础。Hebb 规则认为学习过程最终发生在神经元之间的突触部位，突触的联系强度随着突触前后神经元的活动而变化。在此基础上，人们提出了各种学习规则和算法，以适应不同网络模型的需要。有效的学习算法，使得神经网络能够通过连接权值的调整，构造客观世界的内在表示，形成具有特色的信息处理方法，信息存储和处理体现在网络的链接中。

根据学习环境不同，神经网络的学习方式可分为监督学习和非监督学习。在监督学习中，将训练样本的数据加到网络输入端，同时将相应的期望输出与网络输出相比较，得到误差信号，以此控制权值连接强度的调整，经多次训练后收敛到一个确定的权值。当样本情况发生变化时，经学习可以修改权值以适应新的环境。使用监督学习的神经网络模型有反传网络、感知器等。非监督学习时，事先不给定标准样本，直接将网络置于环境之中，学习阶段与工作阶段成为一体。此时，学习规律的变化服从连接权值的演变方程。非监督学习最简单的例子是 Hebb 学习规则。竞争学习规则是一个更复杂的非监督学习的例子，它是根据已建立的聚类进行权值调整。自组织映射、适应谐振理论网络等都是与竞争学习有关的典型模型。

研究神经网络的非线性动力学性质，主要采用动力学系统理论、非

线性规划理论和统计理论，来分析神经网络的演化过程和吸引子的性质，探索神经网络的协同行为和集体计算功能，了解神经信息处理机制。为了探讨神经网络在整体性和模糊性方面处理信息的可能，混沌理论的概念和方法将会发挥作用。混沌是一个相当难以精确定义的数学概念。一般而言，“混沌”是指由确定性方程描述的动力学系统中表现出的非确定性行为，或称之为确定的随机性。“确定性”是因为它由内在的原因而不是外来的噪声或干扰所产生，而“随机性”是指其不规则的、不能预测的行为，只可能用统计的方法描述。混沌动力学系统的主要特征是其状态对初始条件的灵敏依赖性，混沌反映其内在的随机性。混沌理论是指描述具有混沌行为的非线性动力学系统的基本理论、概念、方法，它把动力学系统的复杂行为理解为其自身与其在同外界进行物质、能量和信息交换过程中内在的有结构的行为，而不是外来的和偶然的行为，混沌状态是一种定态。混沌动力学系统的定态包括：静止、平稳量、周期性、准同期性和混沌解。混沌轨线是整体上稳定与局部不稳定相结合的结果，称之为奇异吸引子。一个奇异吸引子有如下一些特征：

①奇异吸引子是一个吸引子，但它既不是不动点，也不是周期解；

②奇异吸引子是不可分割的，即不能分为两个以及两个以上的吸引子；

③它对初始值十分敏感，不同的初始值会导致极不相同的行为。

四、发展趋势与应用

人工神经网络特有的非线性适应性信息处理能力，克服了传统人工智能方法对于直觉，如模式、语音识别、非结构化信息处理方面的缺陷，使之在神经专家系统、模式识别、智能控制、组合优化、预测等领域得到成功应用。人工神经网络与其他传统方法相结合，将推动人工智能和信息处理技术不断发展。近年来，人工神经网络正向模拟人类认知的道路上更加深入发展，与模糊系统、遗传算法、进化机制等结合，形成计算智能，成为人工智能的一个重要方向，将在实际应用中得到发展。将信息几何应用于人工神经网络的研究，为人工神经网络的理论研究开辟了新的途径。神经计算机的研究发展很快，已有产品进入市场。光电结合的神经计算机为人工神经网络的发展提供了良好条件。

神经网络的应用已经涉及各个领域，且取得了很大的进展。

（1）自动控制领域：主要有系统建模和辨识，参数整定，极点配置，内模控制，优化设计，预测控制，最优控制，滤波与预测容错控制等。

（2）处理组合优化问题：成功解决了旅行商问题，另外还有最大匹配问题、装箱问题和作业调度问题。

（3）模式识别：手写字符，汽车牌照，指纹和声音识别，还可用于目标的自动识别，目标跟踪，机器人传感器图像识别及地震信号的鉴别。

（4）图像处理：对图像进行边缘监测，图像分割，图像压缩和图像恢复。

（5）机器人控制：对机器人轨道控制，操作机器人眼手系统，用于机械手的故障诊断及排除，智能自适应移动机器人的导航，视觉系统。

（6）医疗：在乳房癌细胞分析、移植次数优化、医院费用节流、医院质量改进等方面均有应用。

第二节　SOM 与 RBF 的聚类与预测

用户对项目的评分数据是否完整将会严重影响协同过滤推荐的质量，现实的推荐系统所采用的评分数据通常是稀缺的，神经网络在项目聚类和数据预测方面已经有了比较好的应用。

此处我们利用 SOM（自组织特征映射网络）对相似客户进行预聚类，利用同一聚类中客户兴趣特征的相似性，进行客户未评分项目的评

价值预测，与 Xue 等于 2005 年提出的取客户评价均值相比提高了预测值的准确度（神经网络预测方法过滤掉了与当前用户兴趣偏好偏差较大的评价值）。SOM 预聚类算法采用离线处理与计算，较大数量的数据迭代计算对与其相对独立的在线推荐不会有太大影响，重要的是该方法保证了评价数据的完整性，能够适应不同的推荐场景。应用 SOM 进行相似用户聚类后我们进一步应用 RBFN（径向基函数神经网络）对稀疏数据进行平滑处理，稀疏数据的平滑指数：对现有的稀疏的评价信息利用 RBFN 进行训练，通过神经网络学习，以期获得未评价项目的评价分值，从而得到完全评价矩阵（消除稀疏性后的矩阵）。该方法对有价值的数据尽可能保留并处理，保证了信息的完整性。

稀疏评价矩阵的平滑预测与聚类算法调用关系如图 4－2 所示：

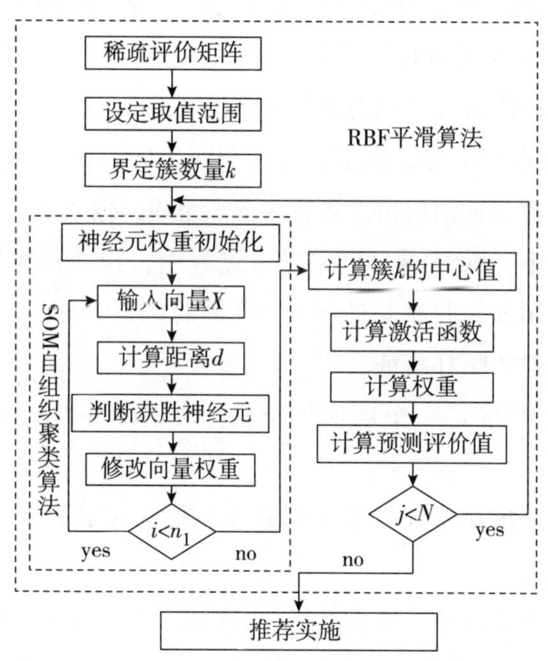

图 4－2　神经网络补值算法调用关系图

图 4－2 中，SOM（自组织特征映射网络）用来对相似客户进行预聚类，利用同一聚类中客户兴趣特征的相似性，进行客户未评分项目的

评价值预测。依据SOM的聚类结果，应用RBF（径向基函数）来进行稀疏数据的平滑处理。其中SOM是一个无监督型神经网络，其输入为稀疏的用户对项目的评价矩阵，处理结果为若干个具有相似购物偏好的用户聚类簇。而RBF则是一个有监督型神经网络，在训练阶段其输入为稀疏的用户对项目的评价值，我们把用户所在聚类簇（SOM的结果）的评价均值作为RBF的期望输出，进而进行训练。训练好的网络可用来进一步对用户评价缺失值进行预测。

第三节　SOM神经网络的相似用户聚类：SOM聚类算法

SOM神经网络聚类算法最早由芬兰科学家Kohonen提出，该神经网络可以将一个N维空间平面（输入）映射到二维空间平面（输出），其思想与大脑的降维处理具有很强的理论联系。

SOM分为输入层与输出层，是一个两层的神经网络，输入层对应着高维输入向量，输出层由二维有序节点组成，输入层节点与输出层节点通过权重联系，SOM神经网络学习过程中，获胜神经元为与之距离最短的输出层单元，并对其进行更新，同时调整其邻域的神经元权重，使得输出保持输入拓扑特征。

SOM神经网络是一个层次型结构，具有竞争层。其典型结构如图4－3所示。

输入层：该层接受外界输入信息，将输入模式向竞争层传递，起“观察”作用。

竞争层：负责对输入模式进行“分析比较”，寻找规律，并归类。

一、自组织神经网络基本原理

1. 分类与输入模式

分类和聚类是一个相对的过程，前者依据类别知识信号的指导，

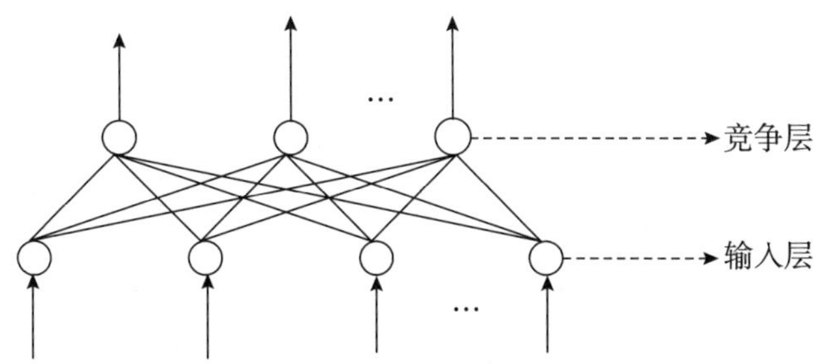

图 4－3　自组织映射神经网络结构

把神经网络不同的输入模式划分到相应的各自模式类中，聚类即是无导师的分类，其目的是将相似的输入模式划分为一类，而不是将不相似的进行分离，聚类后可以达到类内相似性的最大化和类间相似性的最小化。

自组织映射作为无导师（无监督）神经网络没有期望输出，其对于输入模式没有任何先验知识以判断其该属于哪一类。对于不同的具体输入，只能根据输入模式之间的相似程度来进行自学习，从而进行判断进行聚类，最终达到一种稳定的状态。所以，聚类依据是输入模式的相似性计算。

2. 相似性测量

向量之间的距离的衡量可以作为自组织映射的输入模式向量的相似性计算依据。通常有欧氏距离和余弦相似性两种方法。

（1）欧式距离法

设 X,X_i 为两向量，其欧式距离可以表示为：

$$d = \| X - X_i \| = \sqrt{(X - X_i)(X - X_i)^{\mathrm{T}}}$$

d 越小，X 与 X_i 越接近，即相似性越高，当 $d = 0$ 时，$X = X_i$；以 $d = \mathrm{T}$（常数）为判据，可对相应的输入向量进行判断，进而聚类：

如图 4－4 所示，由于 d_{12},d_{23},d_{31} 均小于 T，d_{45},d_{56},d_{46} 均小于 T，而 $d_{1i} > \mathrm{T}(i = 4,5,6)$，$d_{2i} > \mathrm{T}(i = 4,5,6)$，$d_{3i} > \mathrm{T}(i = 4,5,6)$，故将输入模式 X_1,X_2,X_3,X_4,X_5,X_6 分为：两个大类分别为类 1 和类 2。

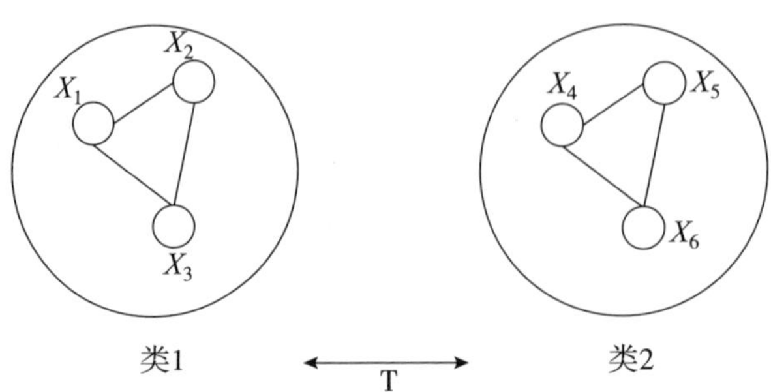

图 4－4　基于欧式距离法的模式分类

（2）余弦法

设 X, X_i 为两向量，其夹角余弦可以表示为：

$$\cos\phi = \frac{XX^{\mathrm{T}}}{\| X \| \ \| X_i \|}$$

ϕ 越小，X 与 X_i 越接近，两者相似性越高；当 $\phi = 0$ 时，$\cos\phi = 1$，$X = X_i$；同样以 $\phi = \phi_0$ 为聚类分析的标准。

3. 竞争学习的基本原理

生理学中的神经细胞会具有侧抑制，这即是竞争学习的生理学基础。某个兴奋神经细胞会对其周围的神经细胞进行抑制。最强的抑制作用是竞争获胜的“唯我独兴”，这种做法称为“胜者为王”（Winner－Take－All，WTA）。竞争学习就是从神经细胞的侧抑制现象中获得灵感进而建立。它的学习基本步骤如下：

步骤 1：向量归一化

对自组织映射网络中的输入模式向量 X、竞争层中具体神经元的内星权向量 w_j（$j = 1,2,\cdots,m$），分别做归一化处理，如图 4－5 所示，得到 $\hat{X}$ 和 $\hat{W}_j$：

$$\hat{X} = \frac{X}{\| X \|}, \quad \hat{W}_j = \frac{W_j}{\| W_j \|}$$

步骤 2：计算获胜神经元

将竞争层所有神经元的内星权向量 $\hat{W}_j(j = 1,2,\cdots,m)$ 与 $\hat{X}$ 进行相似性计算。距离最短的神经元作为获胜神经元，权向量为 $\hat{W}_{j^*}$：

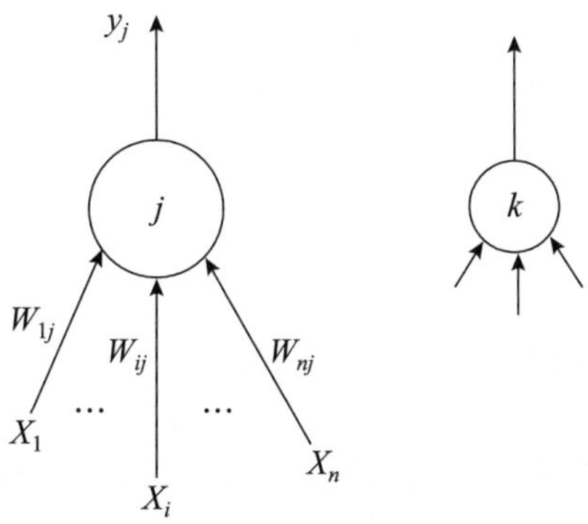

图 4-5　向量归一化

$$\| \widehat{X} - \widehat{W}_{j^*} \| = \min_{j \in \{1,2,\cdots,n\}} \{ \| \hat{X} - \hat{W}_j \| \}$$

$$\Rightarrow \| \hat{X} - \hat{W}_{j^*} \| = \sqrt{(\hat{X} - W_{j^*})(\hat{X} - W_{j^*})^{\mathrm{T}}}$$

$$= \sqrt{\hat{X}\hat{X}^{\mathrm{T}} - 2\hat{W}_{j^*}\hat{X}^{\mathrm{T}} + \hat{W}_{j^*}\hat{W}_{j^*}{}^{\mathrm{T}}} = \sqrt{2(1 - \hat{W}_{j^*}\hat{X}^{\mathrm{T}})}$$

$$\Rightarrow \hat{W}_{j^*}\hat{X}^{\mathrm{T}} = \max_j (\hat{W}_j \hat{X}^{\mathrm{T}})$$

步骤 3：权值调整与神经网络输出

按 WTA 学习法则，获胜的神经元输出值为 1，其余落败神经元输出则为 0。即：

$$y_j(t+1) = \begin{cases} 1 & j = j^* \\ 0 & j \neq j^* \end{cases}$$

获胜的神经元将回进一步调整其权值 W_{j^*}。其权值具体调整公式如下：

$$\begin{cases} W_{j^*}(t+1) = \hat{W}_{j^*}(t) + \Delta W_{j^*} = \hat{W}_{j^*}(t) + \alpha(\hat{X} - \hat{W}_{j^*}) \\ W_j(t+1) = \hat{W}_j(t) \qquad\qquad j \neq j^* \end{cases}$$

$0 < \alpha \leqslant 1$ 为学习率，α 将会随着神经网络的进一步学习而变小，即调整度越来越小，最终趋向于聚类中心。

步骤 4：进一步归一化处理

前面归一化后的权向量经过进一步调整后，新向量将会发生变化，变的不是单位向量，下一步工作将会对学习调整后的向量进行第二次归一化的处理，经过循环如此运算，最终学习率 α 将会衰减为 0。

二、自组织映射网络的拓扑结构

自组织映射网络共有两层分别为输入层和输出层。

输入层：将外界信息通过权向量汇集。输入层的形式与 BP 网相同，其节点数与样本实际的维数相等。

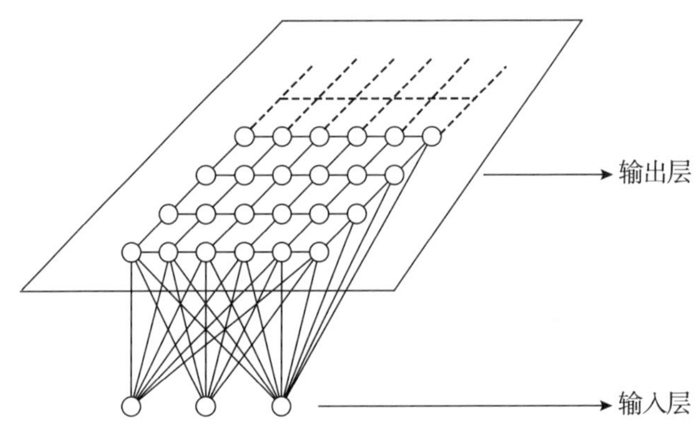

图 4－6　二维 SOM 平面阵列

输出层：输出层也是竞争层。其神经元的排列若干种形式，有一维线阵、二维平面阵以及三维栅格阵等。最经典的结构是二维平面阵，该形式更类似与大脑皮层，如图 4－6 所示。

输出层的每个神经元将会同其周围的其他神经元进行侧向连接，最终结构如一个棋盘状，输入层的排列为单层神经元。

三、SOM 权值的调整域

SOM 网络采用的算法通常称为 Kohonen，它是在“胜者为王”（Winner－Take－All，WTA）学习规则基础上改进而来的，同 WTA 的

主要区别如下。

WTA：侧抑制是唯一的。只有获胜的神经元才有权力调整权值，其他所有神经元都不会进行权值调整。

Kohonen 算法：获胜神经元还会对相邻的其他神经元产生影响，而且其影响程度依据邻近神经元距离获胜神经元的距离从远至近逐渐减弱，即为一个从兴奋渐变为抑制的过程。即不但获胜的神经元要对权值调整，其邻近神经元依据距获胜神经元距离不同程度的调整权值。常见的调整方式有以下几种：

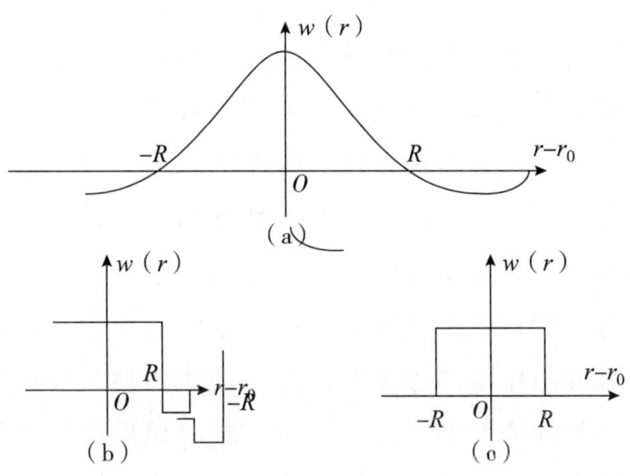

图 4 –7　权值调整函数

墨西哥草帽函数：当前获胜的神经元权值调整最为显著，与其邻近的神经元调整量则较小，通常由神经元与获胜的神经元距离来决定，距获胜节点越远，权值调整程度会越小，设定某一距离 d_0 作为阈值，达到该值时不在调整权值，距离再远时，权值调整为负，若距离再更远逐渐回归到 0。如图 4 –7（a）所示。

大礼帽函数：如图 4 –7（b）所示，其实际为对墨西哥草帽函数一种简化。

厨师帽函数：如图 4 –7（c）所示，它是对大礼帽函数进一步简化而来的，是一种更为精简的形式。

通常将获胜神经元作为中心，再设定一个邻域半径 R，以获胜神经元为中心半径 R 内固定的范围作为获胜邻域。在自组织映射神经网络学习中，若神经元在获胜邻域范围内，按其距获胜神经元的距离进行权值不同程度调整。获胜邻域（半径）在初始接可以设定的较大，随着训练次数不断增加其邻域也会不断收缩，最终邻域收缩为0。

四、SOM 网络运行原理

SOM 网络的实施通常分为训练阶段和实际工作阶段。在训练阶段，训练集中的样本将会随机输入网络，对输入样本中的某个输入模式，在输出层产生最大响应的作为获胜神经元。一般来说在训练初始，输出层哪个位置的神经元对哪类输入模式产生最大响应不能确定的。若输入模式发生改变，二维平面的获胜神经元也会随之改变。获胜神经元邻域周围的神经元因侧向相互作用也产生相互影响，其结果是获胜神经元包括其获胜邻域内的所有神经元的连接权向量均向输入方向作不同程度的调整，具体调整力度根据邻域内各神经元距离获胜神经元的远近而决定，距离越近调整幅度越大，距离越远调整幅度越小。最终通过自组织的方式，当经过大量输入模式训练后，输出层各神经元最终成为对特定输入模式类响应最敏感的神经元，该神经元对应的内星权向量最终成为各输入模式的中心向量。训练趋向于稳定后，两个模式类的属性特征相似时，在代表这两类的神经元通常在位置上也是邻近的。最终的结果把输入模式转化为输出层上的样本模式类，完成自适应聚类的过程。

五、SOM 学习方法

对应于上述运行原理，自组织映射网络采用的学习算法通常具有以下步骤：

步骤1：初始化

该阶段对输出层各权向量赋一个很小随机数，并对其进行归一化，得到 $\hat{W}_j$（$j = 1,2,\cdots,m$），建立初始获胜邻域 $N_{j^*}(0)$ 和学习率 η 初值。m 为输出层上具体神经元数量。

步骤 2：接受输入

对训练集输入模式进行归一化处理，随机取某个输入模式输入网络，得到 $\hat{X}^P$（$p = 1,2,\cdots,n$），n 为输入层具体神经元数量。

步骤 3：计算获胜神经元

计算 $\hat{X}^P$ 与 $\hat{W}_j$ 的点积，从中找到的获胜神经元 j^*。

步骤 4：计算并定义获胜神经元邻域 $N_{j^*}(t)$

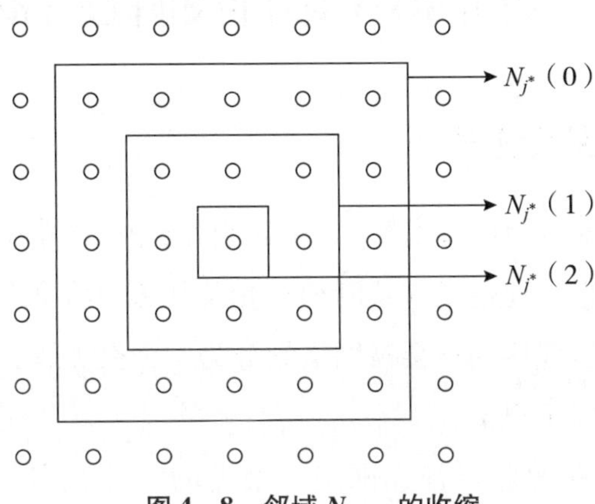

图 4－8　邻域 $N_{j^*(t)}$ 的收缩

以 j^* 作为中心确定在某个 t 时刻的半径，半径范围内的神经元进行权值调整，在初始阶段，邻域 $N_{j^*}(0)$ 设的较大（大约为总神经元的 40%～80%），随着其后的训练过程，$N_{j^*}(t)$ 随训练的增长而逐渐收缩。如图 4－8 所示。

步骤 5：调整权值

获胜邻域 $N_{j^*}(t)$ 内的所有神经元均为获胜神经元，并对其进行权值调整。

$$w_{ij}(t+1) = w_{ij}(t) + \alpha(t,N)[x_i^p - w_{ij}(t)]$$

$$i = 1,2,\cdots,n,\ p = 1,2,\cdots,n,\ j \in N_{j^*}(t)$$

上式中，$\alpha(t,N)$ 是训练时间 t 和当前获胜神经元 j^* 与调整邻域内第 j 个神经元之间的距离 N 的函数，该函数通常满足下述规律：

$t\uparrow\rightarrow\alpha\downarrow, N\uparrow\rightarrow\alpha\downarrow$；如 $\alpha(t,N)=\alpha(t)e^{-N}$，$\alpha(t)$ 可采用 t 的单调下降函数，有时也称之为“退火函数”。

步骤 6：结束判定

当满足学习率 $\alpha(t)\leqslant\alpha_{min}$ 时，训练将会结束；若不满足该结束条件，跳转到上述步骤 2 继续训练。

第四节　利用 SOM 对评价矩阵进行预聚类

一、SOM 聚类过程

我们将用户对项目的评分输入 SOM 自组织映射神经网络，设定神经网络的初始权重，通过竞争获胜神经元及其邻域将会调整权重以适应输入，经过 n 次迭代后用户会被网络划分为 k 个聚类簇，每个聚类簇为具有相似购物偏好用户。

SOM 作为一种无监督神经网络，聚类的具体数量是无法预知的，传统的聚类算法需要指定具体聚类的数目，且聚类数目的具体值对聚类效果有较大的影响，为了排除聚类数目指定的盲目性，提高聚类运算的效率以及聚类的准确性，必须合理的设定聚类的簇的数量，根据 Herlocker 等的研究结果，在真实环境中最近邻用户数量设为 20 ~50 比较合理，本书所采用的数据集共有 943 个用户，我们采用一个竞争层为 6×6＝36 个神经元的网络会得到比较好的聚类效果，聚类簇的数量为 36 个。

聚类 SOM 神经网络拓扑结构图如图 4－9 所示：

用户对项目的原始评分数据如表 4－1 所示：

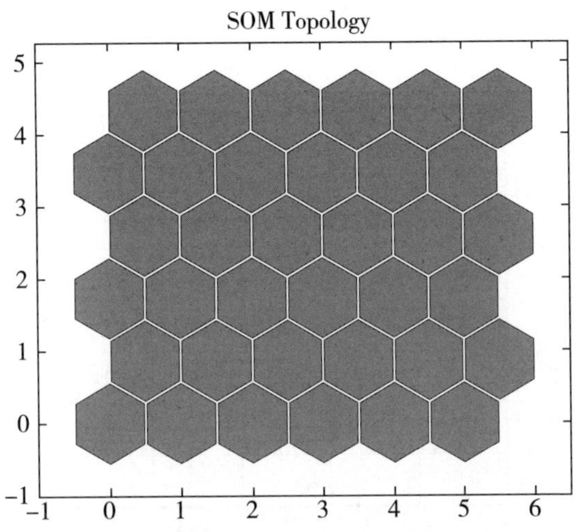

图 4 –9　聚类 SOM 神经网络拓扑结构图

表 4 –1　　用户—项目原始评分矩阵

用户编号	项目编号	评分	时间
1	1	5	874965758
2	2	3	876893171
4	3	0	878542960
6	4	3	876893119
1	5	3	889751712
7	7	0	875071561
1	8	4	875072484
9	9	5	878543541
…	…	…	…

将其转化为用户—项目评分矩阵，时间列对于神经网络聚类没有价值，将其去掉，转化后的用户—项目评分矩阵如表 4 – 2 所示：

表 4-2　　　　转化后的用户—项目评分矩阵

4	4	4	0	5	5	5	3	0	4	…
2	0	3	2	5	5	3	0	3	3	…
2	0	2	3	4	4	3	0	2	2	…
5	5	5	5	4	4	4	4	4	4	…
1	1	5	5	1	1	0	1	1	1	…
2	0	4	4	1	1	0	1	1	1	…
3	3	2	3	5	4	3	2	2	2	…
5	5	4	0	4	5	5	0	5	5	…
…	…	…	…	…	…	…	…	…	…	…

其中行代表用户，列代表项目，第 i 行 j 列的值表示用户 i 对项目 j 的评分值，评分取值 1~5，依次表示喜好程度逐渐增强，其中 0 值表示用户未对该项目进行评分。

输入：用户对项目的评分向量 $(X_i \mid 1 \leqslant i \leqslant M)$。

输出：经过划分后的 k 个用户簇。

方法步骤：

步骤 1：赋值每一个输出神经元 j 初始权重为一个很小随机数 $\omega_i = \{\omega_{1j}, \omega_{2j}, ..., \omega_{Mj}\}$。

步骤 2：将某向量 x 输入网络，计算距离 $d_j = \sqrt{\sum (X_i - \omega_{ij})^2}$

步骤 3：距离 x 最近神经元 k 认为获胜神经元。

步骤 4：在近邻范围内修改所有向量的权重。

$$\alpha_{new} = \alpha_{old} \times 0.5$$

$$\omega_j(t = 1) = \omega_j(t) + \alpha_{new} \times (X - \omega_j(t))$$

步骤 5：循环执行步骤 2 至步骤 4 共 n 次。

其中，α_{old} 是学习率参数，$\omega_i(t)$ 是 t 时刻的权重，n 是迭代次数。

二、Matlab 实现

实现过程中用到的相关函数。

1. SOM 神经网络创建函数 newsom（）

该函数用来创建一个 SOM 网络，其使用标准格式如下：

Net = newsom（PR，[d_1，d_2，…]，tfcn，dfcd，olr，osteps，tlr，tns）

其中：

PR——神经网络 *R* 个输入数据的最大和最小值，*PR* 是一个 $R \times 2$ 的矩阵。

d_i——第 i 层的维数，其默认值为［5，8］。

tfcn——神经网络的拓扑函数（即结构函数），默认所使用的拓扑函数为"hextop"函数。

dfcn——神经元距离计算函数，默认所使用的函数为"linkdist"函数。

olr——分类阶段神经网络的学习速率，默认值是 0.9。

osteps——分类阶段神经网络的学习步长，默认为值是 1000。

tlr——调谐阶段的神经网络的学习速率，默认值是 0.02。

tns——调谐阶段神经网络的邻域距离，默认值是 1。

函数返回值为一个 SOM 网络。

2. SOM 距离函数

（1） boxdist（）

该函数为 box 距离函数，在给定具体神经网络竞争层的神经元位置后，可利用该函数计算神经元之间的距离。该函数通常用于结构函数 gridtop 的神经网络层。其调用格式为：

D = boxdist（pos）

其中，pos——神经元位置的 $N \times S$ 维矩阵。

D——函数返回值，神经元距离的 $S \times S$ 矩阵。该函数的运算原理为 $d(i,j) = \max \| P_i - P_j \| \mid$ 。其中 $d(i,j)$ 表示距离矩阵中的元素；P_i 表示位置矩阵中的第 i 列向量。

（2） dist（）

该函数为欧式距离函数，通过对输入进行加权得到加权后输入。其调用格式为：

$$Z = \text{dist}\ (\text{W},\ \text{P})$$

其中，W——$S \times R$ 维的权值矩阵。

P——Q 组输入（列）向量的 $R \times Q$ 维矩阵。

函数的运行原理为：$D = sqrt(sum((x-y)^2))$，其中 x 和 y 分别为列向量。

（3）linkdist（）

该函数为连接距离函数。在给定神经元位置后，该函数可用于计算神经元之间的距离。其调用格式为：

$$\text{D} = \text{linkdist}\ (\text{pos})$$

其中，pos——$N \times S$ 维的神经元位置矩阵。

函数的运行原理为：

$$d(i,j)\begin{cases}0 & \text{如果 } i=j \\ 1 & \text{如果 } sum\ ((P_i - P_j)\ 2)^{1/2} \leqslant 1 \\ 2 & \text{如果存在 } k\text{，使得 } d(i,k) = d(k_1,k_2) = d(k_2,j) = 1 \\ 3 & \text{如果存在 } k_1, k_2\text{，使得 } d(i,k_1) = d(k_1,k_2) = d(k_2,j) = 1 \\ N & \text{如果存在 } k_1, k_2, \cdots, k_n\text{，使得 } d(i,k_1) = \\ & d(k_1,k_2) = \cdots = d(k_n,j) = 1 \\ S & \text{其他}\end{cases}$$

（4）mandist（）

该函数为 Manhattan 距离函数。该函数的调用格式为：

$$Z = \text{mandist}\ (\text{W},\ \text{P})$$

各参数的含义请参见 dist，函数的运行原理为：

$$D = sum(abs(X-Y))$$

其中 X 和 Y 为两个向量。

3. SOM 结构函数

（1）hextop（）

该函数为六角结构函数，其调用格式为：

pos = hextop（dim1，dim2，…，dimN）

其中：

dimi——维数为 i 层的长度。

pos——由 N 个并列向量组成的 $N \times S$ 维矩阵，其中，S = dim1 × dim2 ×，…，×dimN

（2）gridtop（）

该函数为网络层结构函数。其调用格式为：

pos = gridtop（dim1，dim2，…，dimN），各参数含义同 hextop（）函数。

（3）randtop（）

该函数为随机层结构函数。其调用格式为：

pos = randtop（dim1，dim2，…，dimN），各参数含义同 hextop（）函数。

本书实验所用的神经网络拓扑结构函数为 hextop（）函数。

MATLAB 内实现代码如下：

Load ui1 %用户项目评分矩阵训练集

data = ui1

data1 = ui2%用户项目评分矩阵测试集

data = data′%矩阵转置

data1 = data1′%矩阵转置

net = newsom（minmax（data），[6，6]）%建立 SOM 神经网络，竞争层为 6×6 = 36 个神经元，minmax（data）为获取训练集中输入最大值和最小值。

plotsom（net. layers {1} . positions）%绘制神经元位置结构图

net = init（net）%网络初始化

%分别设定 6 次训练次数，训练次数分别为 10，30，50，100，200，500；将训练次数放入向量 a 中

a = [10 30 50 100 200 500]

%随机初始化 yc 为一个 6×36 的矩阵用来存储不同训练次数的神经元聚类结果

yc = rands (6, 36)

%进行训练次数为 10 次的训练

net. trainparam. epochs = a (1);

%训练网络

net = train (net, data);

%训练完成后对测试集进行仿真

y = sim (net, data1);

%将仿真分类结果映射到 yc 矩阵首行

yc (1,:) = vec2ind (y)

%绘制神经元距离分布图

plotsom (net. IW {1, 1}, net. layers {1} . distances)

%进行训练次数为 30 次的训练

net. trainparam. epochs = a (2);

%训练网络

net = train (net, data);

%训练完成后对测试集进行仿真

y = sim (net, data1);

%将仿真分类结果映射到 yc 矩阵第 2 行

yc (2,:) = vec2ind (y)

%绘制神经元距离分布图

plotsom (net. IW {1, 1}, net. layers {1} . distances)

%进行训练次数为 50 次的训练

net. trainparam. epochs = a (3);

%训练网络

net = train (net, data);

```
%训练完成后对测试集进行仿真
y = sim（net，data1）；
%将仿真分类结果映射到 yc 矩阵第 3 行
yc（3，:） = vec2ind（y）
%绘制神经元距离分布图
plotsom（net. IW {1，1}，net. layers {1} . distances）
%进行训练次数为 100 次的训练
net. trainparam. epochs = a（4）；
%训练网络
net = train（net，data）；
%训练完成后对测试集进行仿真
y = sim（net，data1）；
%将仿真分类结果映射到 yc 矩阵第 4 行
yc（4，:） = vec2ind（y）
%绘制神经元距离分布图
plotsom（net. IW {1，1}，net. layers {1} . distances）
%进行训练次数为 200 次的训练
net. trainparam. epochs = a（5）；
%训练网络和查看分类结果
net = train（net，data）；
%训练完成后对测试集进行仿真
y = sim（net，data1）；
%将仿真分类结果映射到 yc 矩阵第 5 行
yc（5，:） = vec2ind（y）
%绘制神经元距离分布图
plotsom（net. IW {1，1}，net. layers {1} . distances）
%进行训练次数为 500 次的训练
net. trainparam. epochs = a（6）；
```

```
%训练网络
net = train (net, data);
%训练完成后对测试集进行仿真
y = sim (net, data1);
%将仿真分类结果映射到 yc 矩阵第 6 行
yc (6,:) = vec2ind (y)
%绘制神经元距离分布图
plotsom (net.IW {1, 1}, net.layers {1} .distances)
%查看邻近神经元距离情况
plotsomnd (net)
```

观测训练次数为 10 次时，邻近神经元距离情况见图 4－10。图中直线连接的菱形代表具体神经元，连线代表神经元间的连接，神经元与神经元之间深浅不同的颜色表示神经元间距离的远近，颜色越浅表示神经元间距离越近，颜色越深表示神经元间距离越远。

观测训练次数为 50 次时，邻近神经元距离情况见图 4－11，我们

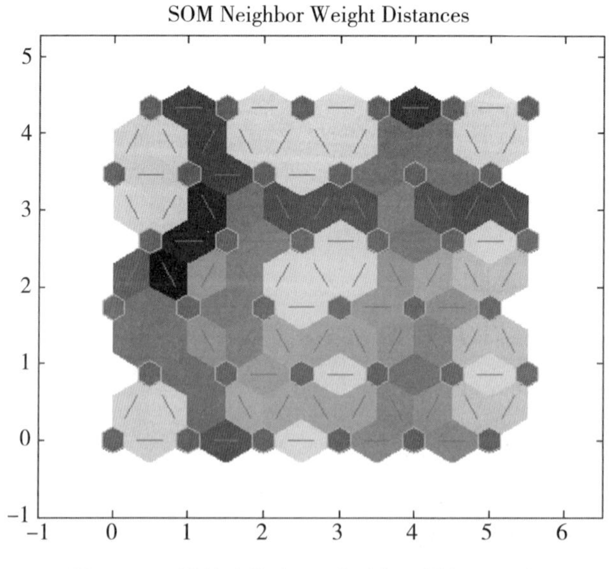

图 4－10　训练次数为 10 次时邻近神经元距离

可以看到随着训练次数的增加，神经元间距离会增加，逐渐向代表不同的聚类划分。

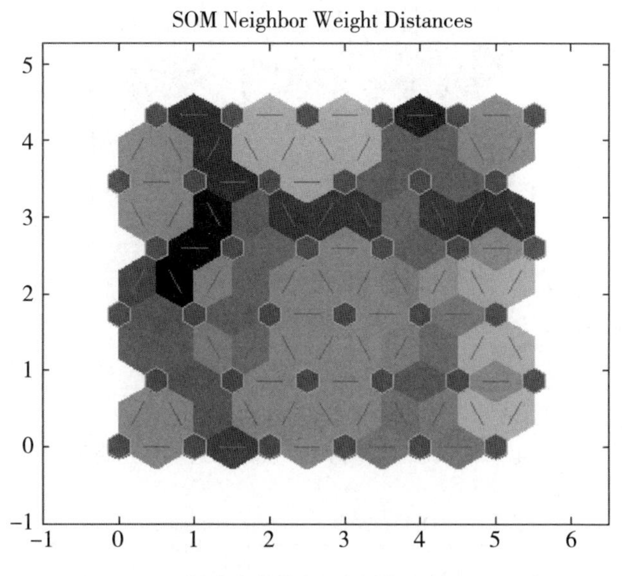

图 4－11　训练次数为 50 次时邻近神经元距离

观测训练次数为 100 次时，邻近神经元距离情况见图 4－12。

观测训练次数为 200 次时，邻近神经元距离情况见图 4－13。

设定不同的训练次数，经过邻近神经元距离情况发现，训练次数在为 200 时聚类细化，并趋向于稳定，其输出为 36 个神经元间距离达到最大，数据聚类簇为具有相似偏好的用户聚类簇，将相似用户进行聚类后，下一步的工作我们基于同一聚类簇内用户购物偏好的相似性利用 RBF 神经网络对用户未评价项目进行预测。

第五节　RBF 神经网络预测补值

一、RBF 神经网络

径向基函数（Radial Basis Function，RBF）网络是一个具有三层结

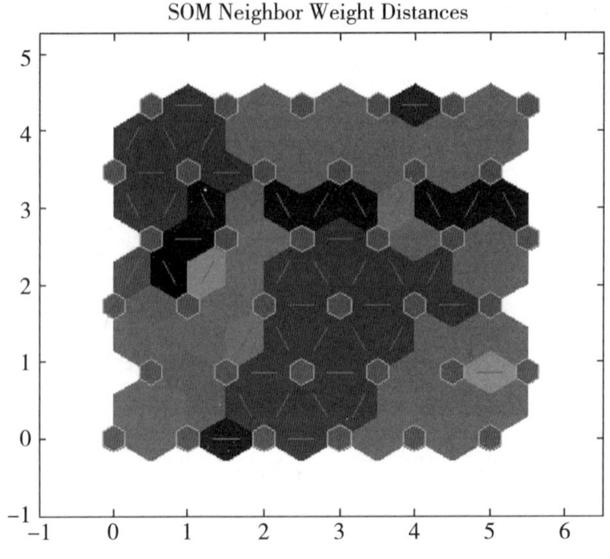

图 4－12　训练次数为 100 次时邻近神经元距离

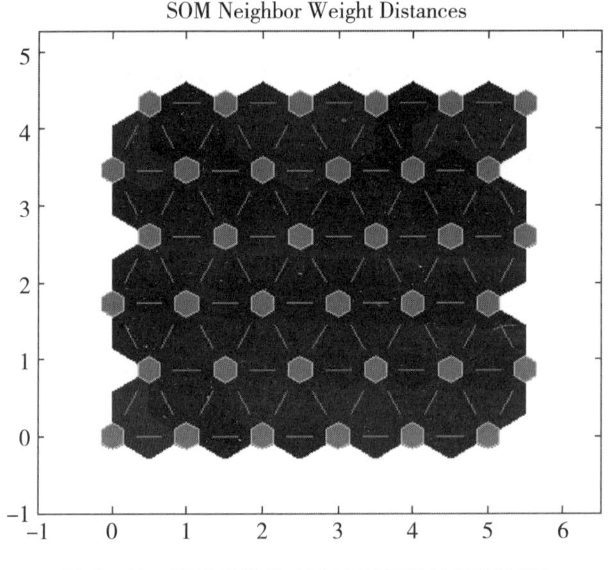

图 4－13　训练次数为 200 次时邻近神经元距离

构的前向网络，由输入层、一个隐含层（径向基层）和一个线性输出层组成，其径向基层的基本结构如图 4－14 所示。该网络有一个激活函数处在隐含层，实际应用中常采用径向基函数作为隐含层的激活函数，

正因为此，该神经网络通常称作径向基函数神经网络，有多种径向基函数，采用最多的为高斯型函数，激活函数的输入是将输入矢量 P 与隐含层权值矢量 W 之间的矢量距离乘以偏差 b 。

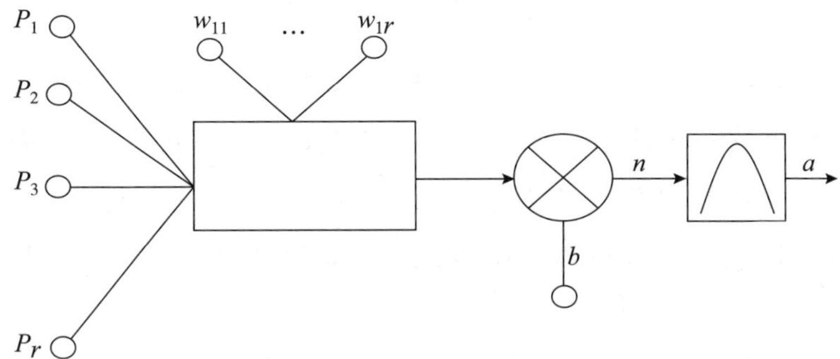

图 4－14　具有 *R* 个输入节点的径向基函数网络结构图

径向基层输入模式经常采用以下数学表达式：

$$n = \sqrt{\sum (w_i - p_i)^2} \times b$$

径向基层输出模式经常采用下面数学表达式：

$$a = e^{-n^2} = e^{-(\sqrt{\sum (w_i - p_i)^2} \times b)^2}$$

$$= e^{(\| W - P \| \times b)^2}$$

通过上述公式可以看出，径向基函数输出结果将会随着 W 和 P 之间差值的减小而逐渐增加，若 W 和 P 相等，则其差值将会等于0，此时认为径向基函数输入为0，函数输出将会得到最大值1。

径向基层中的偏差 b 可以用来对函数灵敏度进行调节，实际的应用中，经常使用一个常数 C 作为参数来进行调节，我们称之为伸展常数。通常用它来确定具体径向基层神经元对其输入矢量相应程度，此处为 P 与 W 之间距离相应的面积宽度。具体应用中伸展常数 C 值（或 b 值）的确定方式有多种，在此不再赘述。

径向基函数的基本原理多采用聚类的方法。若 R 维空间中存在 q 个具体数据表示为（$X^1, X^2, \cdots, X^q$），若数据已经进行归一化处理。进行聚类时，聚类中心的选择可能从任何一个数据点中选取，为解决该问题，数据点密度指标的定义被提出，密度指标反映的是某个数据点邻近数据点的密集程度。通常来说数据点 X^i 的密度指标公式如下：

$$D_i = \sum_{j=1}^{q} \exp\left[- \frac{\| X^i - X^j \|^2}{(A/2)^2} \right]$$

上述表达式中 A 为正值。可以看出，如果某个数据点的邻近数据点越多，则该数据点密度值将会越大，该点被定义为初始聚类中心的可能性就越大。其实，A 作为半径定义了该点领域的大小，超过半径 A 邻域的其他数据点从公式可以看出对该点的密度指标会很小，可以忽略不计。

在聚类开始之前，通过对每个数据点的密度指标进行计算，首个聚类中心选取密度指标最大数据点。若 X_{c1} 为选中的数据点，则靠近该数据点的其余数据点的密度指标可能较大，为防止它们被再次定义为聚类中心（连续邻近的数据点定义为数据中心没有意义），可以进行下面的修正处理，定义 D_{c1} 为选中数据点的密度指标，那么可以用如下公式对每个数据点 X^i 的密度指标进行修正：

$$D_i = D_i - D_{c1} \sum_{j=1}^{q} \exp\left[- \frac{\| X^i - X^j \|}{(C/2)^2} \right]$$

此处，C 是一个正数。由上述公式可知，若某个数据点邻近初始聚类中心数据点 X_{c1}，则该数据点的密度指标将明显变小，距离越近密度指标减小越显著。经过修正处理后，邻近初始聚类中心数据点的其余数据点不太可能成为新的聚类中心，此处，定义常数 C 作为半径，该半径确定的邻域内的数据点密度指标会有明显的降低。为了避免出现聚类中心距离很近，该常数 C 的取值要大于 A，实际应用中常数 C 的取值为：$C = 1.5A$。

二、网络的训练与设计

RBF 神经网络的训练有两个阶段，第一阶段将会对 RBF 层的权值

进行训练，该阶段采用无导师学习训练，第二阶段会对输出层权值进行训练，该阶段采用有导师学习训练，神经网络设计阶段仍然需要前期训练阶段的输入矩阵 P 以及目标输出矩阵 T ，另外该阶段需要对径向基函数层的伸展常数 C 进行定义。RBF 神经网络的训练的结果将会得到网络的权值 W_1 和 W_2 及对函数灵敏度调节的偏差 b_1 和 b_2 。

通过不断地使 $w_{1ij} \rightarrow p_j^q$ 的训练方式来获得径向基函数层的权值，最终使得使该层在每个 $w_{1ij} \rightarrow p_j^q$ 处的径向基函数输出值为 1，这样当神经网络开始工作时，对于任一输入到网络中的数据，径向基函数层中的任何神经元的输出值都将依据输入矢量与每个神经元的权值的接近程度来确定。最终结果为，若输入矢量与神经元权值相差很大，则径向基函数层的输出接近 0，其输出将会对后面的线性层产生影响，若输出接近 0，则其影响可以忽略不计。若输入矢量非常接近权值，则径向基函数层输出接近 1，网络的输出为此值与第二层的权值加权和，而径向基函数层输出的加权求和将作为整个输出层。相关理论已经证明，若径向基函数层的神经元足够多，径向基函数神经网络可以以任意期望的精度对非线性函数进行模拟。

径向基函数网络隐含层的节点数量的具体设定通常与输入层 P 中的样本具体组数 q 相同，即取 $s_1 = q$ ，且每个径向基函数层中的权值 W_1 被赋予一个不同输入矢量的转置，以使得每个 RBF 神经元都作为不同 p_j^q 的探测器。b_1 中的每个偏差都被置为 $0.8326/C$ ，由此来确定输入空间中每个 RBF 响应的面积宽度。

在确定了 W_1 和 b_1 后，RBF 层的输出 a_i 则可求出。此时，可以根据第二层的输入 a_i 以及网络输出的目标 T ，通过使网络输出 y 与目标输出 T 的误差平方和最小来求线性输出层的权值 W_2 及其偏差 b_2 ，不过 $b_2 = 0$ 。

从结构上看，径向基函数神经网络与一个具有径向基函数的 BP 网络没有什么不同，两者都是具有两层网络的神经网络：隐含层激活函数为径向基函数（一种高斯型指数函数），同时它们的输出层均为线性函数。但是，径向基函数神经网络本质上与 BP 神经网络是不同的，其原因是：

①径向基函数神经网络权值的训练没有采用 BP 神经网络算法。

②虽然两者均为两层网络，但径向基函数神经网络的权值训练是分层分别进行的，这与 BP 神经网络也截然不同。

从功能上看，和 BP 网络一样，RBF 网络可以用来进行函数逼近，并且训练 RBF 网络要比训练 BP 网络所花费的时间少得多，这是该网络最突出的优点。

第六节　RBF 神经网络预测补值处理

一、RBF 神经网络预测补值过程

RBF 神经网络是一个有导师网络，我们仍然将用户对项目的稀疏评分矩阵输入网络，某用户对于未评价项目的期望输出我们用该用户所属聚类簇内最近邻的评分值均值表示。

径向基函数的核心是要构建一个合适的输出函数 F：

$$F(X_i) = \sum_{k=1}^{K} \omega_k \phi(\| X_i - C_k \|)$$

ω_k 为评价向量从隐藏层至输出层的权重，X_i 是给定的节点集，C_k 是给定节点集中心值，$\| \cdot \|$ 为规范化处理，ϕ 此处是激活函数。激活函数有多种形式，如 Gaussian（高斯函数）、Multiquadratic（多二次函数）和 Thin－plate spline（薄板样条函数）等函数。本书采用高斯函数作为径向基函数，高斯函数如下：

$$\phi(r) = \exp(-\frac{r^2}{2\sigma^2}) \qquad \sigma > 0$$

虽然高斯函数不是唯一的径向基核函数，但与其他函数相比有 4 个重要的性质。其中以下性质对评分数据的平滑相比其他函数具有优势。

①两个一维高斯函数的卷积产生的仍是高斯函数。这说明已经平滑过的数据再次平滑得到是更平滑的数据。

②二维高斯函数具有旋转对称性。因评价矩阵数据稀疏性程度不同，该性质能保证在数据平滑处理中对不同稀疏程度的原始矩阵不会偏向，保证相同的平滑处理。

③高斯函数是单值函数。因预测评价值通过其邻域加权均值代替，而每一个邻域值的权值随着离中心点的偏离程度而递减。该性质保证离算子中心不同距离的邻域具有不同的权值，保证平滑不会失真。

④高斯函数的平滑程度由参数 σ 决定，而且 σ 和平滑程度关系非常简单，可灵活调节其值在过平滑和欠平滑之间进行折中。

实验证明高斯函数相对其他径向基函数具有优势。

RBF 神经网络的预测补值过程如下：

输入：稀疏用户评价矩阵（$r_{ij} \mid 1 \leqslant i \leqslant M \& 1 \leqslant j \leqslant N$），$\varphi_I^{\max} \& \varphi_I^{\min}$ 是某项目 i 其激活函数的最大与最小值，r_{iI}是用户 i 对项目 I 的评分，$\varphi_{I,x}^{\max}$ 是项目 I 激活函数最大值。

输出：平滑后的用户评价矩阵（$r'_{ij} \mid 1 \leqslant i \leqslant M \& 1 \leqslant j \leqslant N$）。

平滑步骤：

步骤 1：设定取值范围 range =（max_ rating - min_ rating）+1

步骤 2：界定簇的数量 k

步骤 3：For $j = 1$ to N

①利用自组织特征映射网络（SOM），可将某用户归入簇 k。定义 $x = r_{ij}$，当（$1 \leqslant i \leqslant M$）时（参考 SOM 聚类算法）。

②计算簇 k 的中心值，$c_k = \frac{\sum_{p=1}^{k1} r_{ip}}{k1}$，$k1$ 为隶属于该簇的用户的数量。

③当 $1 \leqslant p \leqslant k1$ 时，计算矩阵欧几里得距离，$g_{ip} = \| r_{ip} - c_k \|$。计算激活函数 $\varphi_{ip}(g)$。

④利用伪随机权重函数如公式 $\phi(r) = \exp(-\frac{r^2}{2\sigma^2})$，$\sigma > 0$，计算

权重 w。

$$\omega_i = \frac{(\phi_I^{\max} - \phi_I(r_{iI}))/(\phi_I^{\max} - \phi_I^{\min})}{\sum_{x=1}^{n}(\phi_{I,x}^{\max} - \phi_{I,x}(r_{xI}))/(\phi_x^{\max} - \phi_x^{\min})} \quad 1 \leqslant i \leqslant M。$$

步骤 4：利用输出函数计算 $r'_{ij} = F(r_{ij})$ 。

二、Matlab 实验及分析

神经网络训练：

输入：经过 SOM 聚类后的某聚类簇内用户—项目评分矩阵 $(r_{ij} \mid 1 = < i \leqslant M \& 1 \leqslant j \leqslant N)$。

期望输出：为该聚类中心值。

RBF 神经网络训练用到的相关函数：

（1） newrb（）

该函数可以用来设计一个近似径向网络。其调用格式为：

[net，tr] =newrb（P，T，GOAL，SPREAD，NM，DF）

其中，P 为 Q 组输入向量组成的 $R \times Q$ 维矩阵，T 为 Q 组目标分类向量组成的 $S \times Q$ 维矩阵，GOAL 为均方误差目标，默认为 0.0，SPREAD 为径向基函数的扩展速度，默认为 1，NM 为神经元的最大数目，默认为 Q，DF 为两次显示之间所添加的神经元数目，默认为 25，net 为返回值。

用 newrb（）函数创建神经网络是一个不断学习改进的过程，在创建过程中，中间层和神经元具体的个数是不断增加的，随着中间层和神经元个数的增加网络的输出误差会逐渐变小，当小于预先设定的阈值时网络趋向于稳定，训练结束。

（2） newrbe（）

该函数用来设计一个严格径向基网络，其调用格式为：

net = newrbe（P，T，SPREAD）

其中，P 为 Q 组输入向量组成的 $R \times Q$ 维矩阵，T 为 Q 组目标分类向量组成的 $S \times Q$ 维矩阵，SPREAD 为径向基函数的扩展速度，默认为 1。

本书实验采用的径向基函数神经网络建立函数即为该函数。

（3）radbas（）

该函数为径向基传递函数。其调用格式为：

A = radbas（N）

info = radbas（code）

其中，N 为输入（列）向量的 $S \times Q$ 维矩阵，A 为函数返回矩阵，与 N 一一对应，即 N 中的每个元素通过径向基函数得到 A。info = radbas（code）表示根据 code 值的不同返回有关函数的不同信息。包括：

derive：返回导函数名称。

name：返回函数全称。

output：返回输入范围。

active：返回可用输入范围。

利用 RBF 神经网络进行训练以获取用户未评价项目值与预测值的非线性关系的 matlab 核心代码如下：

%清空环境变量

clc

%清空现有数据集合

clear

%建立神经网络，其中输入 u1cluster 为经过 SOM 聚类后的某个相似用户聚类簇，为一个 $M \times N$ 矩阵，M 为该聚类簇内用户数量，N 为项目的个数。期望输出 u1output 为该聚类簇中心值，其为一个 $1 \times N$ 矩阵。

net = newrb（u1cluster，u1output）

%利用训练好的网络对缺失评价值的用户—项目评分矩阵进行预测，其中 u1predition 为需预测的稀疏评分矩阵，预测结果存储到数据集 ty 中。

ty = sim（net，u1predition）

神经网络神经元的数量与期望输出之间的差值如下所示：

NEWRB，neurons = 0，SSE = 38280.9

NEWRB，neurons = 25，SSE = 21905.3

NEWRB，neurons = 50，SSE = 1356.26

NEWRB，neurons = 75，SSE = 43.2861

NEWRB，neurons = 100，SSE = 0.660646

NEWRB，neurons = 125，SSE = 0.0373679

NEWRB，neurons = 150，SSE = 0.0040477

NEWRB，neurons = 175，SSE = 0.000957883

NEWRB，neurons = 200，SSE = 0.000660409

NEWRB，neurons = 225，SSE = 0.000534918

NEWRB，neurons = 250，SSE = 0.000114594

NEWRB，neurons = 275，SSE = 6.88108e-005

NEWRB，neurons = 300，SSE = 0.00010389

NEWRB，neurons = 325，SSE = 6.0129e-005

NEWRB，neurons = 350，SSE = 3.58505e-005

NEWRB，neurons = 375，SSE = 2.05794e-005

NEWRB，neurons = 400，SSE = 1.58199e-005

其中 neurons 为神经元数量，SSE 为神经网络实际输出与期望输出之间的差值，用图形描述如图 4-15 所示，可以看到当神经元的数量超过 250 个时，神经网络的输出与期望输出已经接近于 0，说明神经网络已经非常逼近期望输出。

经过训练后的网络基本能反映该聚类簇内用户评分与期望评分的非线性关系，利用训练好的神经网络对稀疏评价矩阵进行仿真预测，从而获得未评价值的期望评分值，实验过程中我们从原始评价矩阵中随机去除一些真实评分，并将去除后的评分置为 0 作为缺失评分，经过神经网络预测补值后可以将预测的评分数据与原始真实评分进行比较。

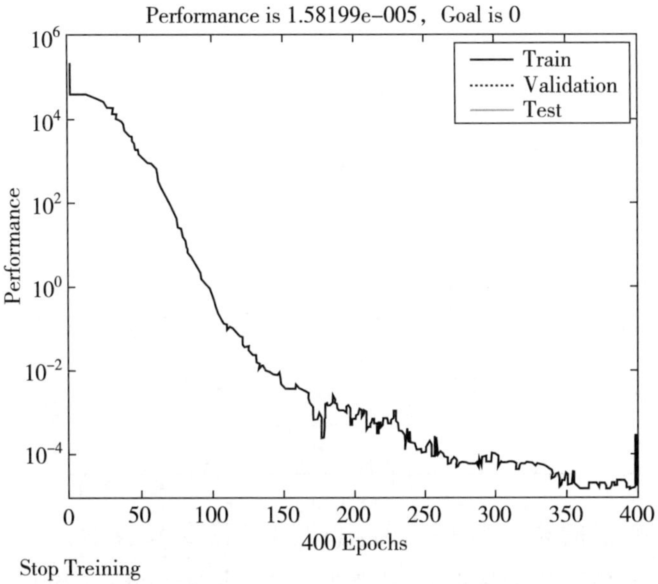

图 4－15　网络输出与期望输出的随神经元数量增加的差值变化

用户原始稀疏评分矩阵如表 4－3 所示：

表 4－3　　用户—项目稀疏显性评分矩阵

目标用户	Movie1	Movie2	Movie3	Movie4	Movie5	Movie6	Movie7	Movie8	Movie9	Movie10
用户显性评分										
A	0	0	2	5	1	3	0	0	4	4
B	1	2	0	4	2	1	5	3	0	4
C	3	0	1	0	0	2	4	1	2	0
D	2	1	3	4	5	0	5	2	1	5
E	0	2	0	5	0	5	0	1	1	0
…	…	…	…	…	…	…	…	…	…	…

利用神经网络对显性评分进行预测并补值后的完全评分矩阵如表 4－4所示：

表 4-4　　补值后的用户—项目完全评分矩阵

目标用户	Movie1	Movie2	Movie3	Movie4	Movie5	Movie6	Movie7	Movie8	Movie9	Movie10
补值后的评分										
A	3	2	2	5	1	3	4	2	4	4
B	1	2	2	4	2	1	5	3	2	4
C	3	2	1	4	3	2	4	1	2	4
D	2	1	3	4	5	3	5	2	1	5
E	2	2	2	5	3	5	5	1	1	4
…	…	…	…	…	…	…	…	…	…	…

用户数据的稀疏程度通常用指标稀疏度来表示，对于本书用户—项目评分矩阵的稀疏度定义为：1－有效评分/（用户数×产品数）。补值后的用户评分矩阵稀疏度明显降低，降低幅度要超过50%。

因被补值数据为我们从原始评价矩阵随机清除的部分真实评分数据，所以可以将补值数据与原始评分数据进行比较以获得补值的准确地程度，我们从经过神经网络补值的用户项目评价矩阵中抽取

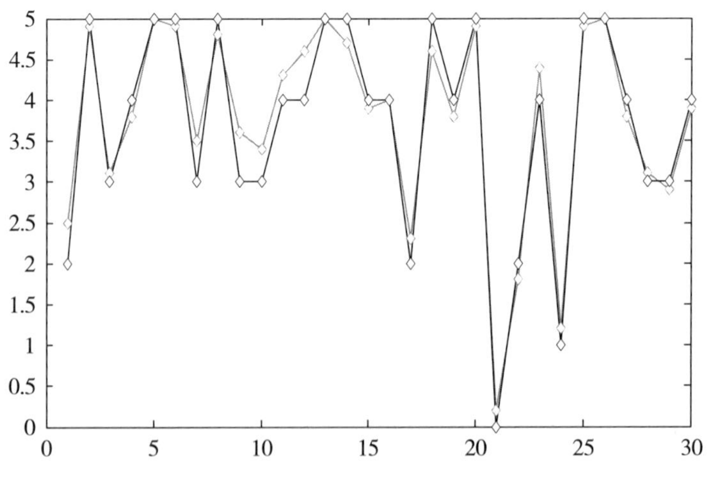

图 4-16　预测评价值与实际评价值的比较

30 个预测补值评分，并与原始用户—项目的评价矩阵中的实际评分值进行比较，比较结果如图 4 - 16 所示，图中蓝线为原始真实评分数据，红线为预测补值的数据。从比较结果可以看出，预测分值与实际分值的误差基本控制在 0. 5 分之内。可以看到神经网络的预测值具有比较好的准确性。

第五章　协同过滤聚类及推荐的实施

第一节　相似用户的聚类：利用 K－均值聚类算法对种子类内相似用户聚类

经过神经网络预测补值后，基本上消除了用户—项目评价矩阵的稀疏性，消除稀疏性后的用户—项目评价矩阵我们称之为完全评价矩阵，用 $< r'_{ij} \mid 1 \leqslant i \leqslant M \& 1 \leqslant j \leqslant N >$ 来表示。对完全评价矩阵进行聚类，可以比较准确地获得相似用户聚类簇，继而应用聚类内的用户相似性关系实施推荐可以得到比较好的推荐质量。

本书第三章基于项目的 Vague 值相似性生成了产品分类树，相似用户的聚类将在某一产品类内进行，聚类算法的输入数据为神经网络预测后的用户对该产品类内产品的评价值。同一产品类内项目具有很高的相似性，在该产品类内进行相似用户聚类可以大幅度降低需处理的数据维度，同时使得聚类更加准确。

K－均值聚类属于划分聚类中的一种，该算法比较简单，具有较高的效率，被广泛应用于大规模的数据聚类中，有很多算法在基本 K－均值聚类算法上加以改进得到了很多优秀算法。

K 为 K－均值聚类算法预先设定的参数，对象空间将会被划分为 K 个聚类簇，簇内对象具有较高的相似度，簇间对象相似度较差。其基本算法如下：首先随机选择 K 个对象作为初始聚类中心，其余对象与初

始聚类中心进行距离比较并将其归入最近的簇内，然后重新调整聚类中心的平均值，不断重复该过程，直到所有对象都归类完毕。距离度量通常采用欧几里得距离。具体步骤如下：

输入：样本空间内所有对象；

输出：经过划分后的 K 个聚类簇；

步骤 1：选取 K 个对象作为初始聚类中心；

步骤 2：选取某个对象并与初始聚类中心作距离比较；

步骤 3：将该对象归入最相近聚类内；

步骤 4：重新调整变化的聚类中心均值，即计算聚类内所有对象均值。

重复步骤 2 到步骤 4 直到所有对象处理完毕，聚类不再变化。

K－均值聚类算法因其简单易用，计算效率比较高等优点，对于本书的聚类是一个不错的选择。修正后的余弦相似性能够消除用户因评判尺度的不同对用户聚类的影响，本书采用修正后的余弦相似性度量计算用户之间的相似性。

基于本书第三章第四节所生成的产品分类树，我们在种子类内实施聚类，种子类依据用户的本次浏览行为自动产生，即用户所浏览的项目所属类及其子类自动预设为种子类，种子类内项目因具有比较高的相似性，更能体现用户本次购物的偏好，使得推荐针对性更强。

聚类过程实现如下：

输入：平滑后的用户项目评分距阵，$< r'_{ij} \mid 1 \leqslant i \leqslant M \& 1 \leqslant j \leqslant N >$ 。r'_{ij} 为所有对种子类内项目有评分值用户的评分。$\overline{r'_i}$ 和 $\overline{r'_j}$ 分别是用户 i 和用户 j 在种子类内的平均评分，M 为用户数量，N 为种子类内项目数量。

输出：K 个聚类簇［$clus_k$ ＝｛相似用户集合｝］

步骤：

步骤 1：读入经过神经网络预测处理过的某个种子类的完全评价矩阵 R［M］［N］以及聚类个数 K，矩阵行数（用户数）numuser，矩阵列数（项目数）numitem。

步骤2：计算所有项（用户）的平均评分。

步骤3：初始化 K 个聚类中心。

步骤4：生成 K 个聚类，设定初始迭代次数 $Pass=1$，如果 $Pass<M$ 进入步骤5。

步骤5：计算每个对象与所有簇聚类中心的距离，找到具有最近距离的聚类簇。定义初始值 $i=0$，若 $i<$ numpattern，进入步骤6。

步骤6：定义初始聚类数量 $K=0$，如果 $K<$ 预设聚类簇数量，利用余弦相似度公式计算对象与其所属簇聚类中心的距离，返回距离最近的聚类簇号，$K++$。返回步骤5。

步骤7：对所有簇的聚类中心进行重新计算，设定初始 $K=0$。如果如果 $K<$ 预设聚类簇数量，进入步骤5。

Matlab 内代码如下：

```
function km (k, A)% 函数名
warning off
[n, p] = size (A);% 输入平滑后的评价矩阵行数 n 和列数 p
cid = ones (k, p+1);% 聚类中心组成 k 行 p 列的矩阵，k 表示第几类，p 是属性
%A (:, p+1) =100;
A (:, p+1) =0;
for i =1: k
    %cid (i,:) =A (i,:);% 设定初始聚类中心
    m =i* floor (n/k) -floor (rand (1, 1)* (n/k))
    cid (i,:) =A (m,:);
    cid;
end
Asum =0;
Csum2 = NaN;
flags =1;
```

```
times = 1;
while flags
    flags = 0;
    times = times + 1;
    %计算每个向量到聚类中心的距离
    for i = 1: n
        for j = 1: k
        dist (i, j) = sqrt (sum ( (A (i,:) - cid (j,:)) .^2));%
        end
        %A (i, p+1) = min (dist (i,:));%与中心的最小距离
         [x, y] = find (dist (i,:) = = min (dist (i,:)));
         [c, d] = size (find (y = = A (i, p+1)));
        if c = = 0 % 聚类中心发生变化
        flags = flags + 1;
        A (i, p+1) = y (1, 1);
        else
            continue;
        end
    end
    i
    flags
    for j = 1: k
        Asum = 0;
         [r, c] = find (A (:, p+1) = = j);
        cid (j,:) = mean (A (r,:), 1);
        for m = 1: length (r)
            Asum = Asum + sqrt (sum ( (A (r (m),:) - cid
(j,:)) .^2));
```

```
            end
            Csum (1, j) =Asum;
        end
        sum (Csum (1,:))
        %if sum (Csum (1,:)) >Csum2
          %   break;
        %end
        Csum2 = sum (Csum (1,:));
        Csum;
            cid;%得到新的聚类中心
end
times
for j =1: k
        [a, b] =size (find (A (:, p+1) = =j));
        numK (j) =a;
end
numK
times
xlswrite ('data. xls', A);
display ('data has been saved');
```

第二节　推荐的实施

一、本书推荐实施的流程

用户登录网站，基于用户行为与历史评分，推荐系统开始工作。推荐实施流程如图5-1所示：

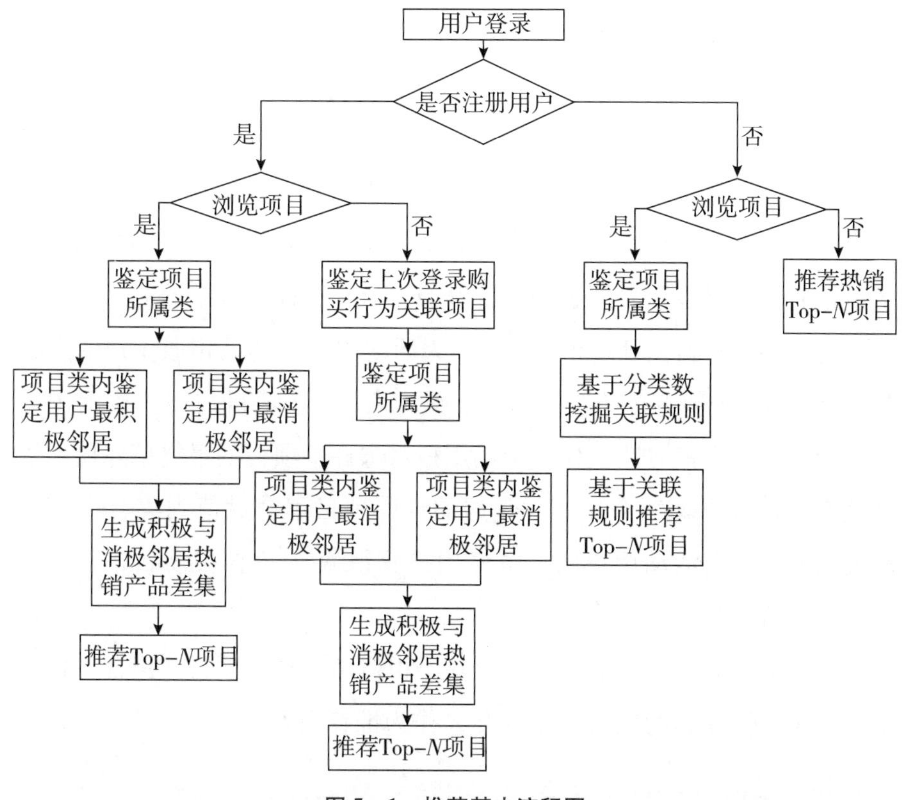

图 5-1 推荐基本流程图

二、鉴定最积极与最消极邻居

传统协同过滤的只是选取活动用户聚类簇内 Top - N 个最相似用户，本书称为最积极邻居，依据最积极邻居对活动用户的未评分项目的评分值预测，来判断活动用户对未评分值项目的偏好，该方法忽略了相似性最差的用户感兴趣项目对推荐结果的影响，本书称为最消极用户对推荐结果集的影响。针对此问题，本书所实施的推荐将统筹考虑两类用户并生成最终推荐结果，具体过程如下：

依据活动用户判断其所属相似聚类簇，选取聚类簇内 Top - N 个最相似用户，用户的相似性度量采用修正后的余弦相似性（本书第六章将会讨论余弦相似性度量相对于其他相似性度量方法的优势），利用预测函数预测用户未评分项目的预测评分值。

$$P_{ui} = \overline{r_i} + \frac{\sum_{m=1}^{c} (r'_{mi} - \overline{r'_m}) * csim_{u,m}}{\sum_{m=1}^{c} csim_{u,m}}$$

上式中 P_{ui} 为活动用户 u 对未评价项目 i 的预测分值，$\overline{r_i}$ 为 Top－N 个最相似用户对该项目的平均评价值，r'_{mi} 为经过神经网络预测后活动用户对其未评价项目的评价值，$csim_{u,m}$ 为活动用户与其最相似用户的余弦相似性，我们将该项目预测分值 P_{ui} 乘以（1－该项目与用户当前浏览项目的 Vague 值相似性）作为活动用户对未评价项目的最终偏好值。依据最终偏好值选取 N 个正相关邻居的推荐项目集合赋值到集合 X。同样我们可以依据活动用户的最消极用户获得 N 个负相关项目，并将项目集合赋值到集合 Y。

计算 $Z = X - Y$，集合 X 包含基于相似性得到的项目，集合 Y 包含基于非相似性得到的项目。将集合 Z 作为推荐项目。

三、关联规则挖掘

如果用户没有任何历史评分记录（冷启动问题），我们不可能判断该活动用户所属的聚类簇，对于此类用户我们可以在产品分类树内挖掘关联规则以实施推荐，关联规则挖掘如下：

设 $I(i_1, i_2, \cdots, i_j, \cdots, i_n)$ 为项目集合，共有 n 个项目，$C(c_1, c_2, \cdots, c_j, \cdots, c_k)$ 为基于 Vague 集理论所生成的产品种类集合，共有 k 个种类。

若：X，Y 为 C 的子集，关联规则 $X \Rightarrow Y$ 表示用户的兴趣模型，可采用关联规则兴趣度表示用户兴趣度。关联规则兴趣度的概念最早由 Agrawal R 于 1995 年提出，随后对其进行了改进。关联规则 $X \Rightarrow Y$ 的兴趣度定义如下：

$$\text{Interest}(X \Rightarrow Y) = \sqrt{Confidence(X \Rightarrow Y) \times Confidence(Y \Rightarrow X)}$$

其值主要有置信度产生，兴趣度越大表明该规则越受用户欢迎，价值越大。实际应用过程中，用户的兴趣偏好会随时间呈周期性变化。系统发现的历史规则在过去的某一段时间内可能具有较高的兴趣度，随着时间的推移用户可能会逐渐失去兴趣。所以关联规则的挖掘应该体现出用户兴趣随时间变化的特征，并随着用户兴趣度的变化修正关联规则的兴趣度。所以在历史关联规则集的基础上我们进一步提出演化关则集，演化规则集随时间变化，随时更新规则集中的兴趣度。

其核心思想为给每个关联规则设定一个权值，如果某个规则随着时间变化不断地重复出现，而且兴趣度很高，则不断增加该权值，既提高该规则的兴趣度。反之，某关联规则在过去的某段时间里兴趣度可能很高，最近几乎不再出现，则降低其权值，即降低了该规则的兴趣度。

定义推荐度为规则置信度与兴趣度的乘积：

$$\mathrm{Re}commend(X \Rightarrow Y) = Interest(X \Rightarrow Y) \times Confidence(X \Rightarrow Y)$$

本书中利用推荐度作为关联规则的权值，演化规则集的基本思想如下：

设交易数据库事务集为 D，随时间变化新获得的事务集为 newD。设通过原事务集挖掘得到的关联规则集为 R_{old} ，通过新事务集的得到的新关联规则集为：R_{new} 。对两个关联规则集进行比较会出现以下情况：

①旧关联规则在新关联规则集中没有出现，即 $X \Rightarrow Y \in R_{old}$ ，且 $X \Rightarrow Y \notin R_{new}$ 。说明该规则在新的时间段内不活跃应降低其权重，即推荐度 Re*commend* 值。$\mathrm{Re}commend_{new}(X \Rightarrow Y) = \mathrm{Re}commend_{old}(X \Rightarrow Y) \times c$ ，c 的取值范围为［0，1］。

②旧关联规则在新关联规则集中重复出现，即 $X \Rightarrow Y \in R_{old}$ ，且 $X \Rightarrow Y \in R_{new}$ 。说明该关联规则在新时间段内仍然很活跃，应增加其权重。

$$\mathrm{Re}commend_{new}(X \Rightarrow Y) = \mathrm{Re}commend_{R_{old}}(X \Rightarrow Y) \times c + \mathrm{Re}commend_{R_{new}}(X \Rightarrow Y) \times (2 - c)$$

c 的取值范围为［0，1］。

③出现新的关联规则，即 $X \Rightarrow Y \notin R_{old}$ ，但 $X \Rightarrow Y \in R_{new}$ 。说明该规则是最近时间内刚刚出现的新规则，则认为其现在推荐度就是在新规则

集中的推荐度。

推荐结果集：

本书基于 Vague 集理论对产品进行了预分类，并生成了产品分类树，所以关联规则并不仅仅是具体的产品间的关联规则，也可能是产品类之间的关联规则，需要将类之间的规则映射到具体到商品，本书推荐思想如下：

①对观影记录进行预处理，构造与用户相关的事务集。

②对事务集进行关联规则挖掘得到关联规则集 RuleSet。

③用户登录系统，依据用户对项目的浏览行为，找出与当前关注项目的所有关联规则集，如果关联规则集中有关联规则最小支持度与最小置信度达到预先设定阈值，则依据推荐度将满足条件的关联产品作为当前用户的推荐候选集。

④挖掘的关联规则最小支持度与最小置信度小于给定阈值，则将项目之间的关联规则转化为产品上层类之间的关联规则，此时关联规则推荐度会明显提高，会得到 n 个推荐度最高的项目类，将项目类中前 n 个最受热评的项目作为当前用户的候选集。

⑤从候选集中删除用户已经评分的项目，剩余项目为用户具有较高关注度且未评分项目。

⑥依据项目推荐度对候选集中所有项目进行排序。

⑦从依据推荐度排序的候选集中，选取 N 个推荐度最高的项目推荐给当前用户。

关联规则推荐挖掘的是项目之间的潜在联系，与用户评分值无关。能较好地解决新注册用户或某些用户因不愿意留下评分而导致其兴趣难发现的问题，关联规则挖掘与协同过滤推荐相结合解决了协同过滤中的冷启动问题。

实验分析如下：

Movielens 所提供的数据集时间需要进行转化，转化后我们发现时间大多集中在 1990—1999 年这一年份。

Movielens 原始时间格式如表 5 – 1 所示，其最后一个字段为时间。

表 5 – 1　　原始数据时间格式

用户编号	项目编号	评分	时间
1	4	3	876893119
3	7	4	875071561
4	42	5	876892425
7	43	4	878542869
7	55	5	875072688
8	58	4	878542960
10	95	4	875072303
…	…	…	…

经过转化后的时间如表 5 – 2 所示：

表 5 – 2　　转化后的时间格式

用户编号	项目编号	评分	时间
1	4	3	1998 – 08 – 08 20：12：54
3	7	4	1998 – 10 – 07 10：11：51
4	42	5	1997 – 09 – 06 16：12：23
7	43	4	1997 – 07 – 05 12：12：51
7	55	5	1996 – 11 – 28 08：36：31
8	58	4	1996 – 11 – 25 11：15：38
10	95	4	1998 – 09 – 04 21：32：43
…	…	…	…

对数据时间进行分析，项目评分记录年份分布图如图 5 – 2 所示：

对这一段时间内的评分进一步分析，我们发现在评价比较集中的 1990—1999 年时间段内，1994—1997 年集中了超过 80% 的影片评分记录，1990—1999 年评分记录时间分布图见图 5 – 3。

基于以上分析我们将用户—项目评分原始文件分为 3 个时间段，划

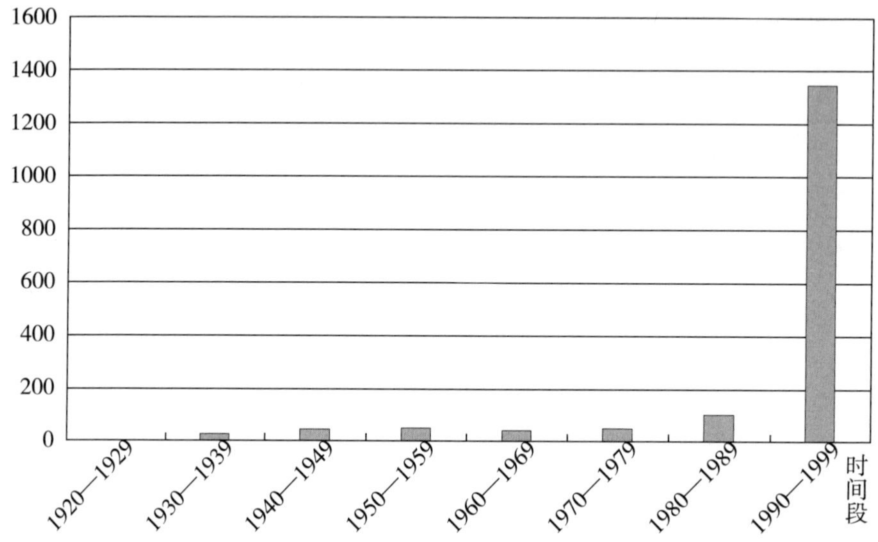

图 5－2　数据评分记录时间分布柱状图

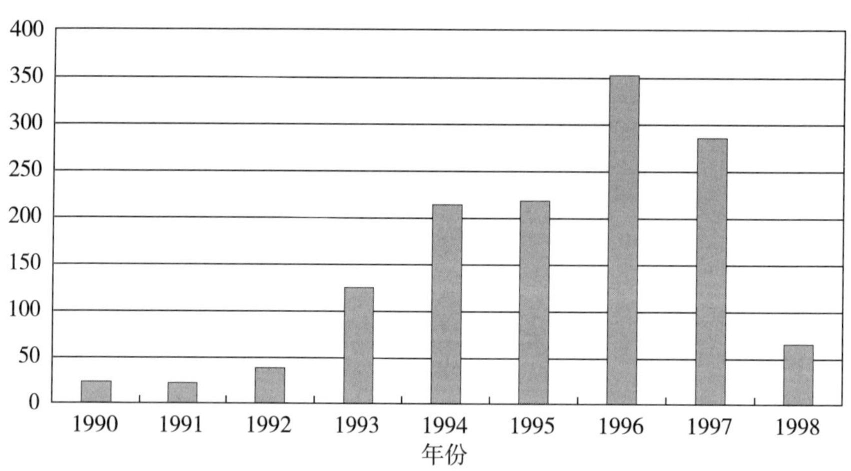

图 5－3　1990—1999 年评分记录时间分布柱状图

分后的第一用户—项目评分时间段 1994—1995 年，第二时间段 1996 年，第三时间段 1997 年。这三段时间内集中了大部分的评分记录对于实验来说比较合理。

我们首先在基于 Vague 值生成的产品分类树的第二层项目类内挖掘具体项目之间的关联规则，若某项目在短时间内同时被用户进行过评分

则视为一条关联规则，关联规则的挖掘分三个时间段将会生成三个规则集。利用上文提到的推荐度来表示关联规则的强弱。若在三个不同时间段的规则集内发现如下关联规则集合如表 5 – 3 所示。

表 5 – 3　　不同时间段内发现的部分关联规则

时间段	规则类型	规则集合
1994—1995	$X \Rightarrow Y$	*movie*1⇒*movie*13，*movie*1⇒*movie*213，*movie*2⇒*movie*115 *movie*2⇒*movie*318，*movie*4⇒*movie*67 *movie*34⇒*movie*67，*movie*1432⇒*movie*21， *movie*765⇒*movie*976 *movie*18⇒*movie*13，*movie*56⇒*movie*568， *movie*234⇒*movie*115 *movie*43⇒*movie*353，*movie*16⇒*movie*54， *movie*1⇒*movie*43 ……
1996	$X \Rightarrow Y$	*movie*1⇒*movie*13，*movie*1⇒*movie*145，*movie*1⇒*movie*115 *movie*2⇒*movie*318，*movie*4⇒*movie*67 *movie*18⇒*movie*13，*movie*56⇒*movie*568，*movie*234⇒*movie*115 ……
1997	$X \Rightarrow Y$	*movie*1⇒*movie*13，*movie*1⇒*movie*113，*movie*1⇒*movie*115 *movie*18⇒*movie*13，*movie*56⇒*movie*568，*movie*234⇒*movie*115 *movie*143⇒*movie*325，*movie*16⇒*movie*54，*movie*5⇒*movie*44 ……

如表 5 – 3 所示，1994—1995 年时间段内的规则 *movie*1⇒*movie*13，在 1996 年和 1997 年规则集合中也出现过，且推荐度也比较高。则依据上文提到的公式适当提高其推荐度，同理 *movie*1⇒*movie*213 在 1994—1995 年时间段内出现，但在后两个时间段内没有出现，则依据推荐度演化公式适当降低其推荐度。

将项目之间的最终推荐度标准化处理作为项目之间的关联度，并将关联度以矩阵方式表示，我们可以得到项目间的关联矩阵（注意下述规则关联度不具有对称性），如表 5 – 4 所示：

表 5-4　　项目—项目关联度关联矩阵

	Movie1	Movie2	Movie3	Movie4	Movie5	…
Movie1	1	0. 73	0	0	0	…
Movie2	0. 75	1	0	0	0. 17	…
Movie3	0	0	1	0	0	…
Movie4	0	0	0	1	0	…
Movie5	0	0. 14	0	0	1	…
…	…	…	…	…	…	…

通过表 5-4 我们可以发现，项目之间的关联规则是比较稀疏的，绝大多数项目之间不存在关联规则，即使某些项目之间存在关联规则，规则之间的关联度也比较低。若用户选中某项目发现与该项目没有关联的其他项目，或关联项目比较少，关联度比较低，我们可以将项目之间的关联度转化为项目所属产品分类树上层类的关联度。

项目与产品分类树第二层项目类的关联度，可以用该项目与该项目类内所有项目关联度和来标示，经归一化处理后如表 5-5 所示。

表 5-5　　项目—项目类关联度关联矩阵

	动作	冒险	动画	儿童	喜剧	…
Movie1	0. 74	0. 95	0. 21	0. 35	0. 12	…
Movie2	0. 72	0. 29	0. 18	0. 38	0. 17	…
Movie3	0. 85	0. 37	0. 17	0. 65	0. 41	…
Movie4	0. 16	0. 48	0. 93	0. 42	0. 28	…
Movie5	0. 35	0. 14	0. 21	0. 64	0. 39	…
…	…	…	…	…	…	…

经过转化后的关联矩阵明显不在稀疏，具体推荐时，首先在项目—项目关联矩阵内查找高推荐度相关项目，若找到超过 10 条且推荐度大于给定值的项目，则将找到的项目推荐，若没找到相应关联规则，则在项目—项目类的关联矩阵查找推荐度最高的关联类。并将关联类内前十

热评项目推荐给用户，在推荐项目时基于 Vague 值相似性进行排序，保证与当前项目相似性最高的项目推荐给用户。

四、推荐结果集的生成

最终推荐结果集会依据不同的用户及用户不同的行为产生。

①若当前活动用户为已注册用户且该用户已有评分历史记录，如果用户登录后没有产生任何浏览行为，依据用户所属相似用户聚类簇将类内最相似用户评价值最高的 N 个项目（均为活动用户未评价项目）推荐给活动用户。

②对于已有历史记录的用户如果用户已经产生浏览行为，将当前用户浏览项目所在类设为种子类，在种子类内实施最积极用户与最消极用户的分别聚类，如本节前文所阐述，将所产生推荐结果推荐给用户。

③对于新注册用户如果用户没有产生浏览行为，将商城热销产品推荐给用户。

④对于新注册用户如果已经产生浏览行为，将本节前文所述的依据关联规则挖掘的结果集推荐给活动用户。

⑤对于新产品上架所产生的冷启动问题，则依据项目的 Vague 值相似性，在活动用户浏览某项目时，若该新上架项目与当前浏览项目的 Vague 值相似性很高则将该新项目推荐给活动用户。

第六章　推荐质量实验分析及评价

第一节　实验度量指标

一、召回率与精度

召回率（Recall）和精度（Precise）是广泛用于信息检索和统计学分类领域的两个度量指标，用来评价检索结果的质量。其中召回率是系统检索出的与检索目的相关的文档数量与文档库中所有的相关文档数的比率，对于推荐系统来说是推荐的相关项目除以总相关项目（应当推荐的），该指标反映的是检索系统的查全率。精度是系统检索出的与检索目的相关文档数量与检索出的所有文档数量的比率，精度反映的是检索系统的查准率。对于推荐系统来说召回率与精度公式定义如下：

$$\mathrm{Precision} = \frac{|\{relevant\_\ items\} \cap \{recommended\_\ items\}|}{|\{recommended\_\ items\}|}$$

$$\mathrm{Recall} = \frac{|\{relevant\_\ items\} \cap \{recommended\_\ items\}|}{|\{relevant\_\ items\}|}$$

召回率和精度示例如下：

假定：从一个大规模数据集合中检索文档时，把文档分成四组：

①系统已经检索到的与检索目标相关文档（A）

②系统已经检索到的与检索目标不相关文档（B）

③与检索目标相关但是系统还未检索到的文档（C）

④与检索目标不相关且还未被系统检索到的文档（D）

则：

召回率 R：检索到相关文档数作为分子，所有相关文档总数作为分母，即：

$$R = \frac{A}{(A + C)}$$

精度 P：检索到相关文档数作为分子，所有检索到的文档总数作为分母，即：

$$P = \frac{A}{(A + B)}$$

举例来说：

一个数据库有 500 个文档，其中有 50 个文档符合定义的问题。系统检索到 75 个文档，但是只有 45 个符合定义的问题。

召回率 R =45/50 =90%

精度 P =45/75 =60%

上述结果表明系统检索中召回率比较有效，召回率为 90%，结果中却有很大的噪声（有很高的检索结果不相关信息），精度比较差。研究表明：在不牺牲精度的情况下，获得一个高召回率是很困难的。

二、F－相关检测、MAE－平均绝对误差

实际应用中准确率和召回率无法获得同时绝对的满意值，两者相互矛盾，若想保证准确率高召回率势必会有所降低，反之亦然，为了解决该问题，经常采用综合评价指标也称为 F 指标（F－measure）来评价检索的质量，其公式如下，F 指标值越大，检索质量越高：

$$F - measure = \frac{2 \times \text{Precision} \times \text{Recall}}{\text{Precision} + \text{Recall}}$$

平均绝对误差（MAE）：可用来预测的评价值同真实用户评价值的接近度。如下所示：

$$MAE = \sum_{i=1}^{M}\sum_{j=1}^{N}\frac{|P_{ij} - r_{ij}|}{M \times N}$$

M、N、p_{ij}、r_{ij} 分别代表用户数量、项目数量、用户 i 对项目 j 的预测评分和用户 i 对项目 j 的实际评分。本书试验主要采用平均绝对误差指标来评价神经网络预测结果的准确性。

三、实验方案

电子商务推荐系统的主要实验方案有 All but 1、Given K、5 折交叉检验法（5 -fold crossvalidation）、10 折交叉检验法（10 -fold crossvalidation）等。本书采用是 All but 1 方案，该方案适合已有给定数据集，其基本思路为将实验数据集中每个用户的评分数据随机取出 1 个，将该数据在原数据集中置 0，实施本书预测方法利用其他评分数据来预测这些 0 值评分，通常采用 *MAE*（平均绝对误差）来进行评价。可以通过不同的实验方案观测其对实际预测值的影响。

第二节　实验过程

本书实验采用 MovieLens 站点提供的公开数据集（http：//movielens. umn. edu/）对推荐质量进行评价。MovieLens 是一个基于 Web 的电影在线推荐系统，该网站接收用户对电影的评分，同时基于用户的评分进行相应的电影推荐。目前，该网络站点的用户已经超过 40000 人，已经具有用户评分的影片超过 3600 部。我们从相应用户评分数据库中选择超过 100000 条评分数据作为本书数据集，其中实验数据集中共包含 943 个用户和 1682 部电影，其中每个用户至少对 20 部影视作品进行过评分。整个实验数据集进一步划分为训练集和测试集，本实验整个数据集的 80% 作为训练集，20% 作为测试集。

作者将原始评分数据集分为训练集以及测试集，其中划分训练集和测试集比重为［80%，20%］。训练集中将部分评分数据随机提出，并

将该数据在原始评分矩阵中置为0，即认为该数据代表该用户未评价该电影，需要进行补值处理。目标用户选择在训练阶段和测试阶段都至少有20条以上评分记录的用户。在训练集数据空间内进行数据预处理与推荐修正，在测试集空间内实施推荐。训练集和测试集随机进行4次划分，即分别得到4个训练集和4个测试集，其比重均为［80%，20%］，以测试不同情况下的平均绝对误差。

一、实验基本内容

实验训练集1-4基本数据统计如表6-1所示：

表6-1　训练集1-4基本数据统计

指标	训练集1	训练集2	训练集3	训练集4
用户总数量	815	806	839	862
电影总数	1342	1328	1411	1551
评分总数	79852	78155	84975	85914
用户最多评分项目数	564	514	574	577
用户最少评分项目数	20	20	20	20
用户平均评分项目数	97.9	96.9	101.2	99.7
数据稀疏度	0.9341	0.9321	0.9359	0.9367

训练集1-4不同评分值柱状分布图如图6-1所示：

对训练集1-4内评分数据随机取出，并将取出值在原始数据集内置为0（作为缺失值），处理后训练集1-4不同评分数据缺失值分布图如图6-2所示：

对训练集1内的数据使用SOM神经网络进行预聚类，聚类过程详见第四章，基于聚类内用户相似性对缺失值应用RBF神经网络进行补值处理，补值后的评分数据分布图如图6-3所示（此处只考虑实验随机抽取的真实数据作为缺失值）。对补值前稀疏度和补值后稀疏度进行计算，计算公式见第四章。补值后影片评分数据分布图见图6-3，评

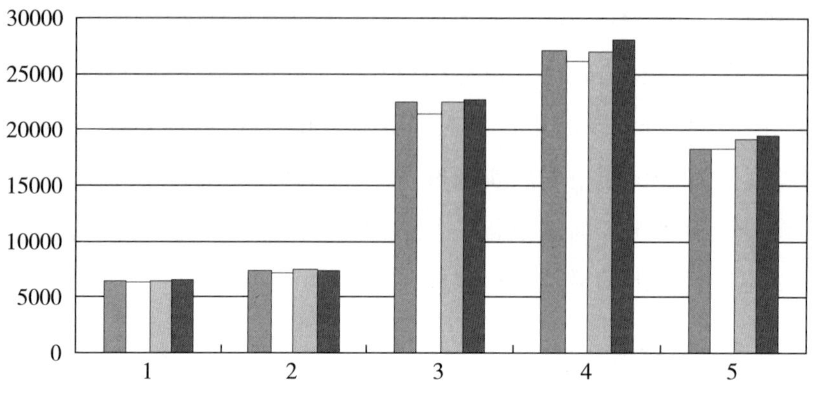

图 6－1　训练集 1－4 不同评分值柱状分布图

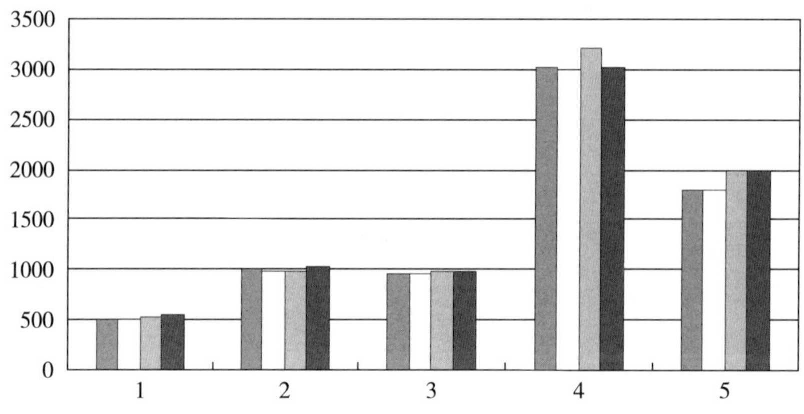

图 6－2　训练集 1－4 缺失值柱状分布图

分预测降低稀疏度效果见图 6－4（此处考虑整个评分矩阵中所有的用户未评分的缺失数据）。

基于补值后的训练集，对相似用户应用 K－均值聚类，以发现 K 个具有相似个购物偏好的聚类簇，基于训练集所产生的聚类对测试集评分矩阵进行用户未评价项目评分预测。我们发现原始训练集中用户的数量的多少将会对平均绝对误差产生影响，另外用户之间的相似性计算多采用余弦相似性，修正的余弦相似性和相关相似性，不同的相似性计算公式对平均绝对误差也会产生影响。同时聚类簇个数 K 的取值不同，对平均绝对误差的影响也非常明显，下面为具体实验结果。

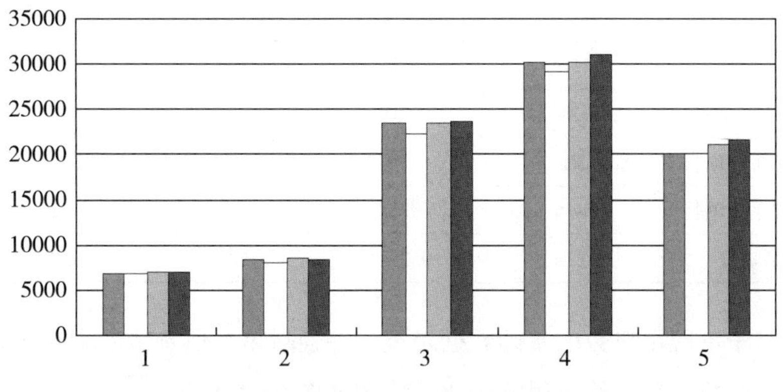

图 6－3　补值后影片评分数据分布图

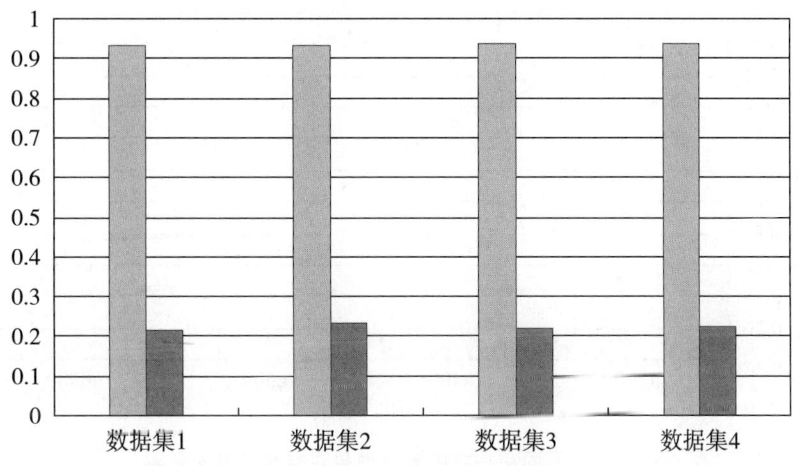

图 6－4　补值后降低稀疏度效果

我们分别以初始用户数量为 200、400、600、800 进行用户聚类，最近临数量暂定为 40 个，因为根据 Herlocker 等的研究结果，在真实环境中最近邻用户数量设为 20～50 比较合理。

实验采用基本数据如表 6－2 所示：

表 6－2　不同用户数量基本数据统计

指标	U200	U400	U600	U800
用户数	200	400	600	800
电影数	1359	1481	1524	1625

续 表

评分数	14168	28541	59874	78954
最多评分项目	421	485	514	598
最少评分项目	20	20	20	20
平均评分项目	94. 5	98. 1	103. 8	110. 5
稀疏度	0. 2143	0. 2115	0. 2145	0. 2131

基于不同用户数的基础数据聚类，并通过聚类所预测的用户未评价项目的分值的平均绝对误差变化折线图如图 6 –5 所示：

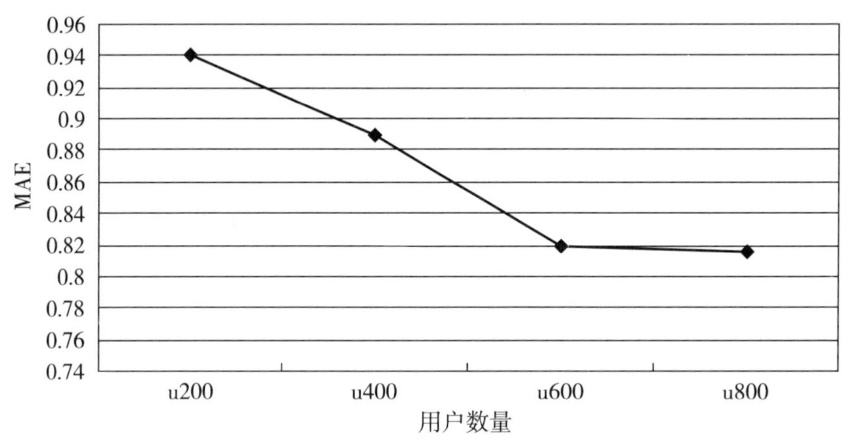

图 6 –5　不同用户数的聚类效果对推荐精度的影响

可以发现当用户数量越多时更容易找到具有相似偏好的用户，相似用户聚类效果越好，当用户数量超过 600 时，推荐结果的平均绝对误差趋向于稳定，所以本书 4 个训练集用户数量均超过 800。

对于用户相似性计算，改进的余弦相似性因考虑到了不同用户的评分尺度，相对来说要比余弦相似性要好，本书实验基于 4 个训练集分别应用改进的余弦相似性和相关相似性对相似用户聚类，并通过聚类效果对平均绝对误差的影响来选取合适的相似性计算方法，在不同训练集上应用相关相似性和改进的余弦相似性对测试集推荐结果平均绝对误差的影响如图 6 –6 所示。

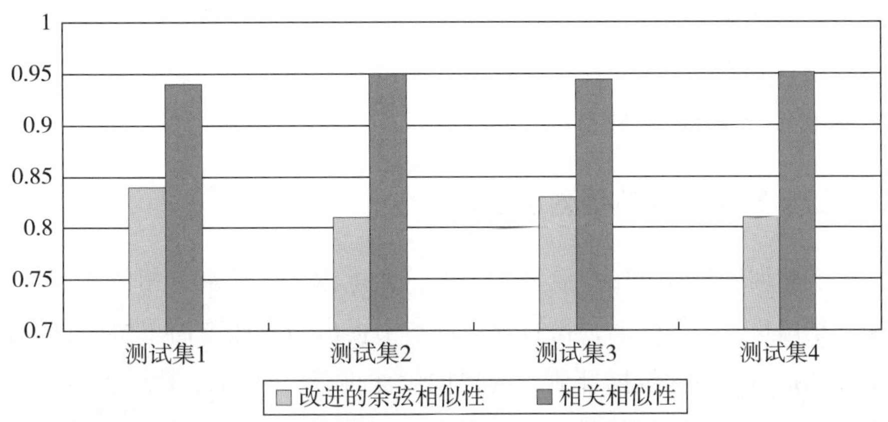

图6-6　改进的余弦相似性与相关相似性对推荐精度的影响

通过试验可以看到，改进的余弦相似性具有较好的聚类效果，预测精度比较高，同时也比较成熟，聚类速度也比较快，所以本书选择余弦相似性进行最终聚类。

K-均值聚类算法，初始K值选取对聚类效果影响非常明显，本书基于Herlocker等研究，实验分别在最近邻数量为5、10、15、20、25、30、35、40、45、50的情况下对4个训练集分别进行聚类测试，并进行最终绝对误差的比较。不同训练集上依据不同近邻数分别进行聚类对测试集推荐精度的影响实验结果如图6-7所示：

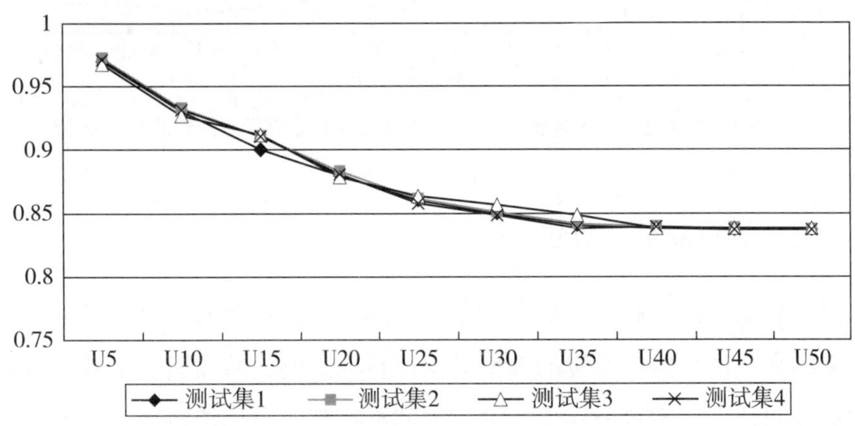

图6-7　不同近邻聚类对推荐精度的影响

实验结果表明四个训练集，在最近邻用户数量选取超过 40 时，聚类效果趋向于稳定，对测试集推荐结果的平均绝对误差影响不再显著，所以本书用户邻居数量为 40 个。

二、MAE－平均绝对误差分析

实验训练集数据用户数为 852 个，度量标准选择余弦相似性计算，测试集用户数为 204 个，我们分别将本书提出的方法与简单协同过滤，李晓钧提出的隐性数据补值后的协同过滤推荐，SAVAR 教授提出的奇异值分解后的协同过滤推荐，以及 Xue 提出的评价均值预测后的协同过滤在相同的数据集上进行对比实验，并对实验结果进行分析。实验结果如图 6－8、图 6－9 所示：

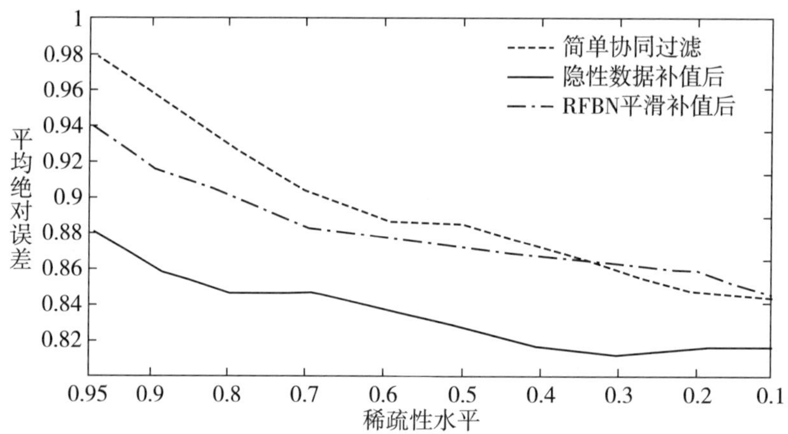

图 6－8　本书方法与简单协同过滤以及隐性数据补值后协同过滤实验比较

三、计算复杂度分析

随着项目数量和用户数量的急剧增加，推荐系统的计算复杂度也会越来越大，使得推荐系统的效率受到严重的影响，从而引起推荐系统的扩展性问题。下面将会给出本书提出的推荐算法与传统协同过滤推荐算法的计算复杂度分析与比较，本书推荐系统的基于 Vague 集的产品分类

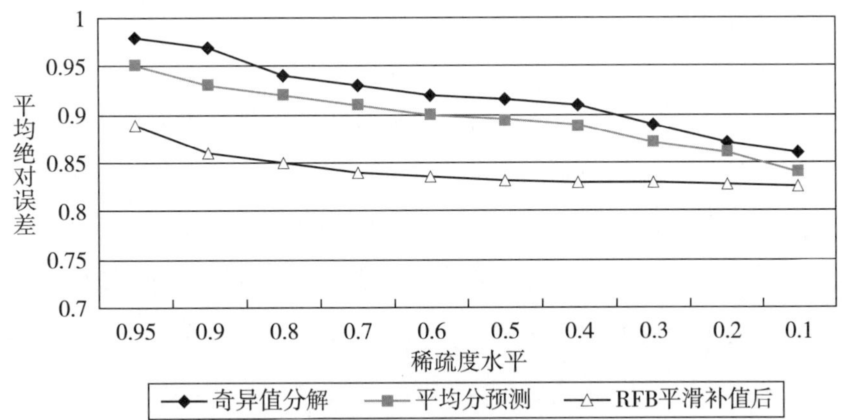

图6－9　本书方法与奇异值分解以及平均分预测后协同过滤实验比较

树生成与神经网络预测阶段的计算放在离线阶段进行且只需要一次性计算，所以本书计算复杂度的比较只是集中在神经网络补值后的相似用户聚类阶段与推荐实施阶段。

1. 传统协同过滤推荐算法的计算复杂度

传统协同过滤推荐算法需要在整个项目空间内定期更新用户的相似性，进而基于用户相似性进行相似用户聚类。对于 m 个用户、n 个项目空间的用户相似性计算算法描述如下：

```
for (i =1; i≤m; i+ +)
for (j =1; j≤m; j+ +)
for (k =1; k≤n; k+ +)
计算用户 i 与用户 j 的相似性;
next
next
next
```

该阶段的计算复杂度为：$O(m^2n)$，完成相似性计算后需要对 m 个用户扫描得到当前用户的 Top－N 个最相似用户从而预测当前用户的待推荐项目评分，该阶段的计算复杂度为：$O(m)$。传统协同过滤的计算复杂度为：$O(m^2n)+O(m)$。

2. 本书推荐算法的计算复杂度

本书的聚类过程是在产品分类树的种子类空间内实施，经过本书第三章生成的产品分类树，项目将会依据其相似性被分为若干个项目类，假定项目有 l 个属性，则产品分类树第一层将会有 l 个相似项目聚类，第二层将会有 $A(l,2)=l\times(l-1)$ 个项目聚类。若在第 k 层进行用户相似性计算（假定每个用户均对项目进行过评分）的算法的描述如下：

```
for (i=1; i≤m; i++)
for (j=1; j≤m; j++)
for (k=1; k≤ n/A(l,k) ; k++)
计算用户 i 与用户 j 的相似性;
  next
next
next
```

其计算复杂度为：$O(m^2n/A(l,k))$。其总的计算复杂度为：$O(m^2n/A(l,k))+O(m)$。可以看到因为产品分类树缩减了项目空间的维度，使得计算复杂度也会显著降低。随着项目空间的扩大，算法只需要调整用户聚类计算所在的产品分类树的层次，即增加上述公式中的 k 值，计算复杂度会随之降低，从而增强了推荐系统的扩展性。

本书推荐算法计算复杂度与传统协同过滤算法计算复杂度比较如表6－3所示：

表6－3　　不同用户数量基本数据统计

算法类型	计算复杂度
传统协同过滤算法	$O(m^2n)+O(m)$
本书提出的算法	$O(m^2n/A(l,k))+O(m)$

算法推荐响应时间比较如下：

对于本书试验数据我们分别在整个项目空间（传统协同过滤推荐的计算复杂度），产品分类树第一层、第二层、第三层分别进行用户相

似性计算，进而聚类和推荐实施，记录其计算响应时间比较如表 6－4 所示：

表 6－4　　推荐算法响应时间比较　　单位：秒

项目集	项目空间	相应时间
传统协同过滤算法	全体项目空间	0.483
本书算法	产品分类树第一层	0.021
	产品分类树第二层	0.002
	产品分类树第三层	0.00098

推荐算法响应时间变化曲线如图 6－10 所示：

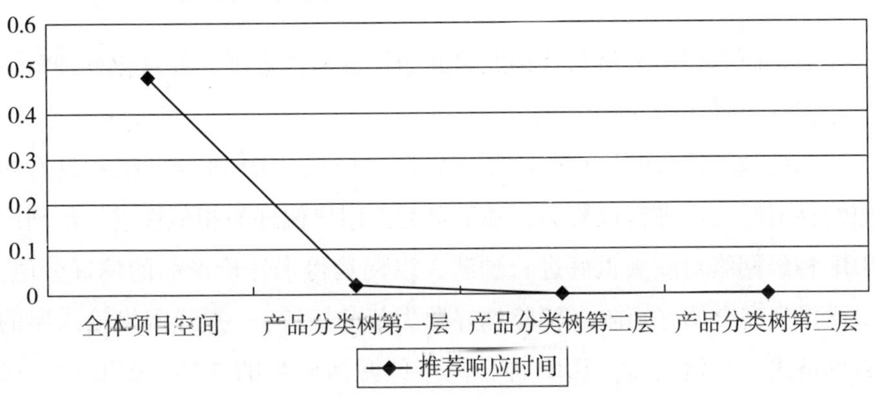

图 6－10　推荐响应时间变化曲线图

第七章　结论与展望

第一节　本书主要内容

一、研究网络环境下顾客购物偏好的表示与识别

一是研究如何分析与处理顾客原始评分显性数据，并量化处理形成二维偏好矩阵作为显性偏好。

二是基于稀疏的用户购物偏好矩阵，应用 SOM 神经网络对具有相似购物偏好用户进行预聚类，基于聚类内用户偏好的相似性进一步利用 RBF 神经网络对缺失偏好进行预测，以期获得未评价产品的偏好分值，从而得到完全偏好矩阵（消除偏好缺失值的矩阵）。神经网络输入层的数据格式及取值范围，RBF 神经网络的激活函数的选择，隐藏层至输出层权重的确定将是该阶段研究的重点。

二、构造协同过滤推荐与关联规则相结合的混合推荐模型

如果顾客偏好能够准确地识别与表示，关联规则的推荐与协同过滤推荐仍是目前最为成熟的推荐算法。

关联规则推荐受其原理所限，对需要顾客参与及体验的产品无能为力，且无法分析推荐产品的质量，也不能发现用户的兴趣点实施针对性推荐。对于此类产品本研究将在传统协同过滤推荐的基础上对顾客最积极邻居（偏好强相似顾客）与最消极邻居（偏好弱相似顾客）分别聚类，并以聚类内偏好产品的差集作为待推荐产品。同时进一步挖掘相似

顾客聚类与相似产品聚类内的关联规则，以消除协同过滤方法的稀疏性和冷启动问题。

三、针对因数据计算复杂所引起的推荐实时性差问题，提出改进机制

一是基于产品 Vague 值聚类的基础上，研究如何利用产品特征的隶属关系确定产品类别之间的隶属关系并最终形成产品分类树。产品分类树内“种子类”通常为企业具有战略优势的产品，本书将依据顾客购物偏好矩阵识别“种子类”，并在“种子类”实施重点推荐。产品分类树对产品的细分降低了数据计算维度，同时降低了计算复杂度。

二是结合离线计算与在线推荐相结合的方法来提高推荐效率，即将“顾客偏好识别”“基于 Vague 值的产品相似性计算与聚类”“相似顾客聚类计算”放在离线阶段进行，在线阶段只实施计算结果的推荐，充分发挥服务器性能，提高推荐实时性。

第二节　本书创新点

本书对电子商务推荐系统推荐质量影响因素进行分析，并提出三个影响推荐质量因素，针对不同因素提出相应的解决方案，以下三个方面为本书创新点。

一是基于 Vague 集理论提出了一种产品分类方法，对产品属性特征进行提取并利用 Vague 值进行表示，每个项目表示为肯定隶属度，否定隶属度，未知度三个 Vague 值，并基于 Vague 值相似性进行项目相似性计算，该方法能够更精确地表达项目之间相似的程度。在此基础上基于项目之间的 Vague 相似性利用层次聚类方法生成了产品分类树。产品分类树能够将计算复杂度大幅度降低，同时能够将推荐范围聚焦于相似项目类内，提高了推荐的针对性，进而提高了推进精度，同时产品分类树的提出可以将产品关联规则转化为产品类间的关联规则，消除了因产品

间关联规则过于稀疏导致无法实施推荐或推荐不准确的问题。

二是提出对用户评分数据进行相似性预聚类，基于聚类内用户的相似性，对用户未评分数据进行预测，从而从根本上消除稀疏性问题，此处预聚类算法采用 SOM 神经网络聚类，聚类后进一步采用 RBF 神经网络对未评分项目进行评分预测，最终得到完全评价矩阵（根本消除稀疏性后的矩阵）。

三是提出改进的协同过滤聚类算法，并结合关联规则挖掘解决冷启动问题。在完整的评价数据基础上，协同过滤算法仍是目前最为优秀的推进算法。本书在传统协同过滤推荐的基础上提出在不同的项目类之间分别进行积极相似性用户和消极相似性用户聚类，该方法不但降低了用户聚类的计算复杂度，同时因产品类间的相似性使得推荐针对性更高，从而提高了推荐精度。对于新注册用户，基于其浏览行为对其感兴趣产品进行产品间的关联规则挖掘，将推荐度最高的产品推荐给新用户。

第三节　展望

本书推荐采用的基础数据是数据库中用户对项目的显性评分，虽然我们通过数据补值预测尽可能的消除了稀疏性问题，通过产品分类树降低了算法的复杂性，并结合关联规则一定程度上消除了冷启动问题。但我们仍然可以看到“用户访问浏览日志、用户操作记录、客户端 Cookie”等记录里蕴含着丰富的有价值的隐性信息。用户的显性评分虽然直观、准确、获取简单，但需要用户的参与。隐性评分数据由 Web 服务器自动记录，不需要用户的显性参与，如何对其进一步进行数据挖掘以获取用户对项目的隐性评分并作为显性评分的必要补充有着重要意义，关键是如何进行有效的 Web 挖掘以获取有价值的隐性用户偏好。本书下一步工作的重点是对隐性数据进行充分挖掘，并构建用户的隐性偏好矩阵，将隐性偏好矩阵与显性偏好矩阵进行集成，以显性评分偏好矩阵为主体，以隐性偏好矩阵作补充，确定在推荐实施时分别所占的效用以集成到一个完整的推荐框架内。

本书推荐系统的核心技术仍然是协同过滤，但我们可以看到其他推荐方法在不同的场合也发挥了其优势，并在特定的商业环境表现出了不俗的推荐质量。目前的推荐系统单一的推荐方法已经不再满足越来越复杂购物环境的需要。

柔性理论的提出为电子商务推荐系统的进一步发展指明了方向。柔性思想最早在机械制造系统中被提出，传统的生产制造系统对快节奏的、小批量的、品种花样繁多的产品生产效率非常低下，柔性制造系统（flexible manufacturing system，FMS）就是针对此类问题而提出的，缓解了传统生产系统的危机。同样在软件设计时，我们也希望软件能够快速地适应随时变化的用户需求以及复杂的运行环境。传统的软件开发效率低下，修改复杂，在此背景下柔性理论的思想被应用到了软件行业，曹军威在其论文中提出柔性软件系统（flexible software system，FSS）是一种能够随时满足和适应快速变化的应用环境和用户需求的软件系统。李安波在 2005 年进一步提出以下特征是柔性软件所必需具备的：

①柔性软件可以重复利用和其要随着用户需求和应用环境而不断变化。

②柔性软件应该是分层设计、具有低耦合高内聚的特点、系统应该是组件式框架结构，具有统一的标准与接口。

③用户可根据自己的需求进行界面的个性化定制、系统结构可以随时调整，能够根据业务的实际需求进行扩展、系统模块能够定制与补充。

柔性软件系统的提出解决了软件行业存在的危机，提高了软件开发的效率，降低了软件开发的成本，同时使得软件能够更加灵活的适应业务的需要，是目前软件系统的一个热点研究领域。

基于柔性理论，本书下一步工作提出，针对不同商业环境、不同推荐策略和需求，开发出能进行动态配置与管理不同推荐算法的通用开放的集成推荐系统，以解决目前推荐方法单一、自适应性差等瓶颈问题。

本书下一步工作需要研究新型电子商务推荐系统体系结构，收集多种类型的数据，提供多种推荐模型，满足不同商业环境的推荐需求，并力求实现一种多模型推荐系统，该系统集成基于内容的推荐模型、热门销售推荐模型和协同过滤推荐模型，以及关联规则等其他多种推荐模型；它独立于具体的推荐应用和推荐算法，具有良好的开放性，能根据不同的商务推荐需求产生相应的推荐功能，具有柔性，支持完善的推荐管理功能和统一的推荐管理平台，保证系统的灵活性和适用性，随着算法进一步的发展，系统只要将先进的算法加以加载或在以前的算法上加以修改，就可以达到更好的效果。

基于柔性理论本书下一步研究的重点将是推荐控制引擎，作为柔性推荐系统的核心，推荐控制引擎将对柔性推荐系统数据库中的产品数据库和用户数据库分别进行分析处理，依据不同的产品和用户特点，对其进行归类，创建不同的产品模型、用户模型。推荐模型是多变的，推荐模型能够根据不同的商业环境和不同的推荐需求进行动态的选择，推荐过程是动态的，用户界面只显示最终的静态推荐结果。推荐控制引擎能够将不同的推荐算法依据算法特点和适用领域进行配置，能够对不同推荐算法进行组合产生新推荐功能，系统的使用者能够定制系统功能。基于推荐控制引擎，系统构架与具体的推荐算法和推荐策略甚至商务站点的特点无关，它提供了一个灵活的适应性强的推荐算法运行环境，在柔性推荐系统中不同的推荐算法和推荐策略能够被动态的加载，并根据具体的应用环境进行合理动态配置，能够根据用户特点实施最优推荐，系统复用率高，充分满足商家和用户的需求，达到双赢的效果。

很多的推荐系统中推荐控制引擎和算法是一体的，造成了推荐系统提供功能单一，导致不同推荐需求的推荐系统开发困难。本书下一步提出的推荐系统能够将各功能细分为模块，并提供可扩展的接口，可以方便地增加新的模型，适用于多种不同的商业应用环境。推荐技术和用户模型可以像组件一样被加载和删除，系统可以根据不同的商业应用为用户生成不同的个性化推荐，以保证系统灵活运用。

参考文献

[1] BELKIN N, C. B. W. Information Filtering and Information Retrieval: Two Sides of the Same Coin [J] . Communication of the ACM, 1992, 2 (1): 134 –145.

[2] MURRAY, B. H. , MOORE A. Sizing the Internet: A White Paper [R] . 2000: 103 –108.

[3] SUNG SHUN WENG, M. J. L. Feature based recommendations for one to one marketing [J] . Expert Systems with Applications, 2004, 26: 493 –508.

[4] BALABANOVIC M. An Adaptive Web Page Recommendation Service [C] //Proceedings of the First International Conference on Autonomous Agents, Marina del Rcy, CA, ACM Press, 1997: 378 –385.

[5] BASU C, H. H. , COHEN W. Recommendation as classification: Using social and content based information in recommendation [C] // In Proceedings of the 1998 Workshop on Recommender Systems. AAAI Press: 11 –15.

[6] 徐小琳，阙喜戎，等. 信息过滤技术和个性化信息服务 [J] . 计算机工程与应用，2003，39 (9): 182 –184.

[7] 孙小华. 协同过滤系统的稀疏性与冷启动问题研究 [D] . 杭州：浙江大学，2005.

[8] RESNICK P, V. H. Recommender Systems [J] . Communication of the ACM, 1997, 40 (3): 56 –58.

［9］余力，刘鲁，罗掌华．我国电子商务推荐策略的比较分析［J］．系统工程理论与实践，2004，8（8）：96－99.

［10］SARWAR B，K G，KONSTAN J，et al. Application of dimensionality reduction in recommender systems：A case study［C］. Paper presented at：ACM WebKDD Workshop（New York），2000.

［11］Y H CHO，J K K. Application of Web usage mining and product taxonomy to collaborative recommendations in E－commerce［J］. Expert Systems with Applications，2004，26：233－246.

［12］D R LIU，Y Y S. Hybrid approaches to product recommendation based on customer lifetime value and purchase preferences［J］. Journal of Systems and Software，2005，77（2）：181－191.

［13］D R LIU，Y Y S. Integrating AHP and data mining for product recommendation based on customer lifetime value［J］. Information & Management，2005，42：387－400.

［14］崔春生，李光．基于 Vague 集的电子商务推荐系统研究［J］．计算机工程与应用，2011，47（10）：237－239.

［15］王伟平．基于 Vague 集的语言型多准则决策的研究［D］．北京：北京理工大学，2008.

［16］PAZZANI. A framework for collaborative，content－based，and demographic filtering［J］. Artificial Intelligence Review，1999，13（5－6）：393－408.

［17］K W CHEUNG，J T K，M H LAW. customer product ratings for personalized marketing［J］. Decision Support Systems，2003，35：231－243.

［18］李晓钧，阳小华，余颖．基于隐性反馈分析的个性化推荐研究［J］．计算机工程与设计，2009，30（16）：3794－3796.

［19］D R LIU，Y Y S. Hybrid approaches to product recommendation based on customer lifetime value and purchase preferences［J］. Journal of

Systems and Software，2005，77（2）：181 –191.

［20］D R LIU，Y Y S. Integrating AHP and data mining for product recommendation based on customer lifetime value［J］. Information & Management，2005，42：387 –400.

［21］邓爱林. 电子商务推荐系统关键技术研究［D］. 上海：复旦大学.

［22］XUE G，L C，YANG Q，XI W. Scalable collaborative filtering using cluster – based smoothing［C］. Paper presented at：28th Annual International ACMSIGIR Conference on Research and Development in Information Retrieval（Salvador，Brazil），2005.

［23］陈逸，于洪. 一种基于相同评分矩阵的协同过滤补值算法［J］. 计算机应用研究，2009，26（12）：4513 –4515.

［24］M K KAVITHA DEVI，P V. Kernel based collaborative recommender system for e – purchasing［J］. Academy of Sciences，2010，35：513 –524.

［25］BALABANOVIC M，S Y. Fab：Content – Based Collaborative Recommendation［J］. Communication of the ACM，1997，40（3）：66 –72.

［26］孟宪福，陈莉. 基于贝叶斯理论的协同过滤推荐算法［J］. 计算机应用研究，2009，29（10）：2733 –2735.

［27］D GOLDBERG，D N，B M OKI. Using collaborative filtering to weave an information Tapestry［J］. Communication of the ACM，1992，35（12）：61 –70.

［28］SCHAFER J B，K J，RIEDL J. Recommender systems in E – commerce［C］. Paper presented at：Proceedings of the First ACM Conference on Electronic Commerce（Denver），1999.

［29］BE N J，K J A，JOHN R. E – commerce recommendation applications［D］. University of Minnesota，Minnesota，2001.

［30］HUANG Z，C H，ZENG D. Applying associative retrieval techniques to alleviate the sparsity problem in collaborative filtering [J]. ACM Transaction on Information Systems, 2004, 22 (1): 116 - 142.

[31] BREESE J, H D, KADIE C. Empirical analysis of predictive algorithms for collaborative filtering [C]. Paper presented at: In Proceedings of the 14th Conference on Uncertainty in Artificial Intelligence, 1998.

[32] SARWAR B, K G, KONSTAN J A, RIEDL J T. Item - based collaborative filtering recommendation algorithms [C]. Paper presented at: 10th International World Wide Web Conference (ACM), 2001.

[33] PREMM, R J, RAMADAS S N. Content - boosted collaborative filtering for improved recommendations [D]. University of Texas, Texas, 2002.

[34] PAZZANI M. A framework for collaborative, content - based, and demographic filtering [J]. Artificial Intelligence Review, 1999, 13 (5): 393 - 408.

[35] BILLSUS D, P M. User modeling for adaptive news access [J]. User Modeling and User - Adapted Interaction, 2000, 10 (2 - 3): 147 - 180.

[36] SOBOROFF I, N C. Combining content and collaboration in text filtering [C]. Paper presented at: In Proceeding of the Intelligence conference on Artificial Intelligence Workshop: Machine Learning for Information Filtering (Stockholm), 1999.

[37] GOOD N, S J, KONSTAN JA. Combining collaborative filtering with personal agents for better recommendations [C]. Paper presented at: In: Proc of the 16th National Conf on Artificial Intelligence (Menlo Park, AAAI Press), 1999.

[38] MELVILLE P, M R, NAGARAJAN R. Content - Boosted collaborative filtering for improved recommendations [C]. Paper presented at: In: Proc of the 18th National Conf on Artificial Intelligence (Menlo Park, American Association for Artificial Intelligence), 2002.

［39］ ANSARI A，E S，KOHLI R. Internet recommendations systems ［J］. Journal of Marketing Research，2000，37 (3)：363 – 375.

［40］ B M KIM，Q L，C S PARK. A new approach for combining content – based and collaborative filters ［J］. Journal of Intelligent Information Systems，2006，27 (1)：79 – 91.

［41］ 吴兵，叶春明. 基于效用的个性化推荐方法 ［J］. 计算机工程，2012，38 (4)：49 – 51.

［42］ 刘平峰，聂规划. 基于知识的电子商务智能推荐系统平台设计 ［J］. 计算机工程与应用，2007，43 (19)：199 – 201.

［43］ BURKE R. Knowledge – Based recommender systems ［J］. Encyclopedia of Library and Information Systems，2000，69 (32)：180 – 200.

［44］ DAN KALMAN. A Singularly Valuable Decomposition：The SVD of a Matrix ［J］. The College Mathematics Journal，1996，27 (1).

［45］ P RESNICK，H R V. Recommender Systems ［J］. Communication of the ACM，1997，40 (3)：56 – 58.

［46］ BALABANOVIC M，S Y. Fab：Content – Based Collaborative Recommendation ［J］. Communication of the ACM ［J］，1997，40 (3)：66 – 72.

［47］ PAZZANI M，D B. Learning and Revising User Profiles：The Identification of Interesting Web Sites ［J］. Machine Learning，1997，27 (3)：313.

［48］ QUINLAN，J R. Induction of decision trees ［J］. Machine Learning，1986，1 (1)：81 – 106.

［49］ ROCCHIO J. Relevance Feedback Information Retrieval ［C］. Paper presented at：The Smart Retrieval System – Experiments in Automated Document Processing (Gerald Salton)，1971.

［50］ QING L，B M. Constructing User Profiles for Collaborative Recommender System ［C］. Paper presented at：APWeb，2004.

［51］ MOBASHER B，D H，LUO T. Discovery of Aggregate Usage

Profiles for Web Personalization [C] . In Proceeding of the web mining for E – commerce Workshop (WebKDD), 2000.

[52] 刘柏嵩. 信息过滤研究 [J]. 现代图书情报技术, 2003, 6: 23.

[53] HERLOCKER J L, K J A. An Algorithmic Framework for Performing Collaborative Filtering [C] . Paper presented at: Proceeding of ACM SIGIR99 (ACM press), 1999.

[54] MALTZ D, E K. Pointing the way: Active Collaborative Filtering [C] . In Proceeding of the 1995 ACM Conference on Human Factors in Computing System (New York), 1995.

[55] RESNICK P, I N, M BERGSTROM. Grouplens: An Open Architecture for Collaborative Filtering of Netnews [C] . In In proceeding of ACM CSCW94 Conference on Computer Supported Cooperative Work, 1994.

[56] WEI – PO LEE, C – H L, CHENG – CHE Lu. Intelligent agent – based systems for personalized recommendations in Internet commerce [J] . Expert Systems with Applications, 2002, 22: 275 – 284.

[57] SARWAR, B M. Sparsity, scalability and distribution in recommender systems [D], University of Minnesota, 2001.

[58] B SARWAR, G K, J KONSTAN. Analysis of recommendation algorithms for E – commerce [C] . Paper presented at: In Proceeding of the 2nd ACM Conference on Electornic Commerce (New York, ACM Press), 2000.

[59] P RESNICK, N. I. , M SUCHAK. Grouplens: an open architecture for collaborative filtering of netnews [C] . Paper presented at: In: Proceediings of the 1994 ACM on Computer Supported Cooperative Work (New York, ACM Press), 1994.

[60] SHARDANAND, U. Social information filtering for music recommendation [R] (MIT Media Laboratory), 1994.

[61] U SHARDANAND, P M. Social information filtering: algorithms

for automating “word of mouth” [C]. Paper presented at: In: Proceedings of the 1995 ACM SIGCHI Conference on Human Factors in Computing Systems (New York, ACM Press), 1995.

[62] J HERLOCKER, J A K, J RIEDL. An empirical analysis of design choices in neighborhood – based collaborative filtering algorithms [J]. Information Retrieval, 2002, 5 (4): 287 – 310.

[63] G ADOMAVICIUS, A T. Toward the next generation of recommender systems: a survey of the state – of – the – art and possible extensions [J]. IEEE Transactions on Knowledge and Data Engineering, 2005, 17 (6): 734 – 749.

[64] H J AHN. A new similarity measure for collaborative filtering to alleviate the new user cold – starting problem [J]. Information Sciences, 2008, 178 (1): 37 – 51.

[65] E VOZALIS, K G M. Analysis of recommender systems' algorithms [C]. Paper presented at: In: Proceedings of the 6th Hellenic European Research Conference on Computer Mathematics and its Applications (HERCMA – 2003), 2003.

[66] A KOHRS, B M. Creating user – adapted websites by the use of collaborative filtering [J]. Interacting with Computers, 2001, 13 (6): 695 – 716.

[67] M CLAYPOOL, A G, T MIRANDA. Combining content – based and collaborative filters in an online newspaper [C]. Paper presented at: In: Proceedings of the ACM SIGIR Workshop on Recommender Systems (ACM Press), 1999.

[68] 李聪. 电子商务推荐系统中协同过滤瓶颈问题研究 [D]. 合肥：合肥工业大学，2009.

[69] LINDEN G, S B Y J. Amazon. com Recommendations: Item to Item Collaborative Filtering [J]. IEEE Internet Computing [J]. 2003, 7

(1)：76－80.

［70］ K YU，X X，M Ester，et al. Selecting relevant instances for efficient and accurate collaborative filtering ［C］. Paper presented at：In：Proceedings of the 10th International Conference on Information and Knowledge Management （New York，ACM Press），2001.

［71］ MANOS PAPAGELIS，D P. Qualitative analysis of user based and item based prediction algorithms for recommendation agents ［J］. Engineering Applications of Artificial Intelligence，2005，18：781－789.

［72］ K YU，X X，A SCHWAIGHOFER，et al. Removing redundancy and inconsistency in memory－based collaborative filtering ［C］. Paper presented at：In：Proceedings of the 11th International Conference on Information and Knowledge Management （New York，ACM Press），2002.

［73］ 邢春晓，高凤荣，战思南，等．适应用户兴趣变化的协同过滤推荐算法 ［J］．计算机研究与发展，2007，44 （2）：296－301.

［74］ 朱岩，林泽楠．电子商务中的个性化推荐方法评述 ［J］．中国软科学，2009，2：183－192.

［75］ BURKE，R. Hybrid Systems for Personalized Recommendations ［R］（ITWP 2003，LNAI 3169），2005.

［76］ R BURKE. Hybrid Recommender Systems：Survey and Experiments ［J］. User Modeling and User－Adapted Interaction，2002，12 （4）：331－370.

［77］ BERZAL F，C J. An efficient method for association rule mining in relational database ［J］. Data and Knowledge Engineering，2001，37：47－64.

［78］ S WESLEY，T C L. Mining association rules procedure to support online recommendation by customers and products fragmentation ［J］. Expert Systems with Applications，2001，20：325－335.

［79］ 赵艳霞，梁昌勇．基于关联规则的推荐系统在电子商务中的应用 ［J］．价值工程，2006，5：82－86.

[80] AGRAWAL R, I T, SWAMI. Mining Associations Between Sets of Items in Large Databases [C]. Paper presented at: Proc. of the ACM SIGMOD international Conference on Management of Data (Washington DC), 1993.

[81] AGRAWAL R, S R. Fast Algorithms for Mining Association Rules [C]. Paper presented at: Proc. 20th Int. Conf. Very Large Data Bases, VLDB (Santiago), 1994.

[82] PARK J S, C M., Yu P S. An Effective Hash – Based Algorithm for Mining Association Rules [C]. Paper presented at: Proceedings of the 1995 ACM SIGMOD International Conference on Management of Data, 1995.

[83] COHEN E, D M., Fujiwara S. Finding Interesting Associations without Support Pruning [J]. IEEE Transactions on Knowledge and Data Engineering, 2001, 13 (1): 64 – 78.

[84] XIAOBIN Fu, J B., Kristian J. Mining Navigation History for Recommendation [C]. Paper presented at: International Conference Intelligent User Interfaces, 2000.

[85] 邢东山，沈钧毅. 基于 Web 日志的互联网协作推荐系统研究 [J]. 西安交通大学学报，2002，36 (12)：1271 – 1274.

[86] 李煊，汪晓岩，庄镇泉. 基于关联规则挖掘的个性化智能推荐服务 [J]. 计算机工程与应用，2002，38 (11)：200 – 204.

[87] 邓爱林，朱杨勇，施伯乐. 基于项目评分预测的协同过滤推荐算法 [J]. 软件学报，2003，9：1 – 8.

[88] LIN W Y, A S A., Ruiz C. Collaborative Recommendation via Adaptive Association Rule Mining [C]. Paper presented at: 6th International Conference on Knowledge Discovery and data Mining Workshop on Web Mining for E – commerce (WebKDD – 2000) (Boston MA), 2000.

[89] HUNG, L P. A personalized recommendation system based on product taxonomy for one – to – one marketing online [J]. Expert Systems

with Applications, 2005, 29: 383 - 392.

[90] 张慧颖，薛福亮．一种集成客户终身价值与协同过滤的推荐算法［J］．现代图书情报技术，2012，215（1）：46-48.

[91] 陈莉，焦李成．Internet/Web数据挖掘研究及最新进展［J］．西安电子科技大学学报：自然科学版，2001，1：114-119.

[92] 易敏昕，汪胜，张有仁．Web使用数据挖掘中数据预处理的研究［J］．计算机工程与应用，2003，24：123-128.

[93] 易明．基于Web挖掘的电子商务个性化推荐机理与方法研究［D］．武汉：华中科技大学，2006.

[94] COOLEY R, M B. Data Preparation for mining world wide web browsing patterns [J]. Journal of Knowledge and Information Systems, 1999, 1: 230 - 241.

[95] SCHAFER J B, K J. E - commerce Recommendation Applications [J]. Data Mining and Knowledge Discovery, 2001, 5 (3): 138 - 145.

[96] 薛福亮，张慧颖．应用WUM和RFBN补值的协同过滤推荐研究［J］．计算机工程与应用，2012，48（9）：22-24.

[97] 曾子明，余小朋．电子商务推荐系统与智能谈判技术［M］．武汉：武汉大学出版社，2008.

[98] ZITNICK C, K T. Maximum Entropy for Collaborative Filtering [C]. In Proceeding of the 20th Annual Conference on Uncertainty in Artificial Intelligence (Banff Canada, IEEE Press), 2004.

[99] BAEZA - YATES R, R - N B. Modern Information Retrieval [C]. Paper presented at: Modern Information Retrieval (New York, Addison - Wesley Publishing Co.), 1999.

[100] RASHID AM, A I, COSLEY D, LAM SK, MCNEE SM, KONSTAN JA, RIEDL J. Getting to know you: Learning new user preferences in recommender systems [C]. Paper presented at: In: Gil Y, Leake DB, eds. Proc. of the Int1 Conf. on Intelligent User Interfaces. (New York,

ACM Press), 2002.

[101] 许海玲, 吴潇, 李晓东. 互联网推荐系统比较研究 [J]. 软件学报, 2009, 20 (2): 350 - 362.

[102] Zadeh, 阮达, 黄崇福译, L. A. 模糊集与模糊信息粒理论 [M]. 北京: 北京师范大学出版社, 2000.

[103] GAU W L, B D J. Vague sets [J]. IEEE Trans Syst Man and Cybern, 1993, 23 (2): 610 - 614.

[104] ATANASSOV K. Intuitionistic fuzzy sets [J]. Fuzzy Sets and Systems, 1986, 20 (1): 87 - 96.

[105] S M CHEN, J M T. Handing multicriteria fuzzy decision - making problems based on vague set theory [J]. Fuzzy Sets and Systems, 1994, 67: 163 - 172.

[106] S M CHEN. Similarity Between Vague Sets and Between Elements [C]. Paper presented at: IEEE TRANSACTIONS ON SYSTEMS, MAN AND CYBERNETICS - PART B: CYBERNETICS, 1997.

[107] D H HONG, C H C. Multi - criteria fuzzy decision - making problems based on vague set theory [J]. Fuzzy Sets and Systems, 2000, 114: 103 - 113.

[108] 关学忠, 赵肖宇, 关勇, 佟亮. 一种基于 Vague 集相似度量推理的控制器设计 [J]. 控制工程, 2006, 13 (1): 15 - 17.

[109] 雷大江, 符海东. 目标模糊决策 [J]. 计算机工程与应用, 2006, 42 (1): 177 - 179.

[110] 周珍, 吴祈宗, 刘福祥, 彭艳丽. 基于区间值 Vague 集的多准则模糊决策方法 [J]. 北京理工大学学报, 2005, 25 (11): 1019 - 1023.

[111] 王天江, 卢正鼎. 基于 Vague 集模糊推理的多评价指标模糊决策方法 [J]. 计算机科学, 2004, 31 (5): 148 - 149.

[112] 林志贵, 刘英平, 徐立中等. 模糊信息处理中 Vague 集向模

糊集转化的一种方法［J］．计算机工程与应用，2004，40（9）：24－25.

［113］W L GAU，D J B. Vague sets［J］. IEEE Transactions on Systems，Man and Cybemetics，1993，23（2）：610－614.

［114］刘勇．Vague 集与 Fuzzy 集的关系研究［D］．重庆：重庆邮电大学，2006.

［115］朱六兵．粗糙集与 Vague 集的理论及应用研究［D］．重庆：西南交通大学，2003.

［116］李凡，徐章艳．Vague 集之间的相似性度量［J］．软件学报，2001，12（6）：922－927.

［117］刘华文．模糊模式识别的基础—相似性度量［J］．模式识别与人工智能，2004，17（2）：141－145.

［118］朱振国．Vague 集相似度量研究［D］．重庆：重庆邮电大学，2007.

［119］ZENEBE A，N A F. Representation，similarity measures and aggregation methods using fuzzy sets for content－based recommender systems［J］. Fuzzy Sets and Systems，2009，160：76－94.

［120］JAIN A K，M M N，FLYNN P J. Data clustering：A Review［J］. ACM Computing Surveys，1999，31（3）：264－323.

［121］DANIEL B A，P C. Using Self－Similarity to Cluster Large Data Sets［J］. Data Mining and Knowledge Discovery 2003，7（2）：123－152.

［122］殷瑞飞．数据挖掘中的聚类方法及其应用［D］．厦门：厦门大学，2008.

［123］冯晓蒲，张铁峰．四种聚类方法之比较［J］．微型机与应用，2010，29（16）：1－3.

［124］A RAUBER，D M. The Growing Hierarchical Self－Organizing Maps Exploratory Analysis of High－Dimensional Data［J］. IEEE Transactions on Neural Networks，2002，13（6）：1331－1341.

［125］高隽．人工神经网络原理及仿真实例［M］．北京：机械工

业出版社，2003.

［126］ Abhijit S. Pandya，R. B. M. 神经网络模式识别及其实现［M］. 北京：电子工业出版社，1999.

［127］ 徐红升，张瑞玲. ART 与概念相似在电子商务推荐系统中的应用［J］. 计算机工程与应用，2010，46（7）：213－217.

［128］ Hopfield JJ，T. D. W. Neural Computation of Decisions in Optimization Problem［J］. Biological Cybernetics，1985，52：141－152.

［129］ 韩力群. 人工神经网络教程［M］. 北京：北京邮电大学出版社，2006.

［130］ Anonymous. 人工神经网络_ 互动百科.

［131］ Moriarty D，M. R. Forming neural networks through efficient and adaptive coevolution［J］. Evolutionary Computation，1997，5（4）：373－399.

［132］ 周志华，陈世福. 神经网络集成［J］. 计算机学报，2002，25（1）：1－8.

［133］ Selamat，A. Web page feature selection and classification using neural networks［J］. Information Sciences，2003，158：69－88.

［134］ 沈海峰，李东升，李群霞. 基于 Kohomen 自组织特征映射神经元网络图像分割方法研究［J］. 计算机应用与软件，2004，9.

［135］ Curry B，D. F. The Kohonen self－organizing Map：an application to the study of strategic groups in the UK hotel industry［J］. Expert Systems with Applications，2002，18（1）：19－30.

［136］ 杨占华，杨燕. SOM 神经网络算法的研究与进展［J］. 计算机工程，2006，32（16）：201－208.

［137］ 段勇，徐心和，崔宝侠. 改进的 SOM 及其在矢量量化中的应用［J］. 系统仿真学报［J］，2006，18（3）：718－721.

［138］ H JIN. Expanding self－organizing Map for data visualization and cluster analysis［J］. Information Sciences，2004，163：157－173.

[139] 张敏灵，陈兆乾，周志华．SOM 算法、LVQ 算法及其变体综述 [J]．计算机科学，2002，29 (7)：97 - 100.

[140] FRITZKE，B. Growing Cell Structure - A self - organizing Network for Unsupervised and Supervised Learning. [J]．Neural Networks，1994，7 (9)：1411 - 1460.

[141] JUHA VESANTO，E A. Clustering of the Self - Organizing Map [J]．IEEE Transactions on Neural Networks，2000，11 (3)：586 - 600.

[142] CHOI D，P S. Self - creating and Organizing Neural Networks [J]．IEEE Transactions on Neural Networks，1994，5 (4)：561 - 575.

[143] ALAHAKOON D，H S K. Dynamic Self - organizing Maps with Controlled Growth for Knowledge Discovery [J]．IEEE Transactions on Neural Networks，2000，11 (3)：601 - 614.

[144] 王莉，王正欧．一种用于数据聚类的动态自组织映射神经网络 [J]．电子与信息学报，2003，25 (3)：313 - 319.

[145] KOHONEN T. The Self - Organizing Maps [J]．Proceeding of IEEE，1990，78 (9)：1464 - 1480.

[146] A. RAUBE，D M，M DITTENBACH. The Growing Hierarchical Self - Organizing Map：Exploratory Analysis of High - Dimensional Data [J]．IEEE Transactions on Neural Networks，2002，13 (6)：1331 - 1340.

[147] 耿新清，王正欧．一种动态模糊自组织神经网络及其应用 [J]．计算机工程，2006，32 (20)：22 - 24.

[148] SUGANTHAN P N. Shape Indexing Using Self - organizing Maps [J]．IEEE Transactions on Neural Networks，2002，13 (7)：835 - 840.

[149] F. MURTAGH. Interpreting the Kohonen Self - organizing Feature Map Using Contiguity Constrained Clustering [J]．Pattern Recognition Lett，1995，16：399 - 408.

[150] 周开利，康耀红．神经网络模型及其 MATLAB 仿真程序设计 [M]．北京：清华大学出版社，2005.

［151］飞思科技产品研发中心．神经网络理论与 MATLAB7 实现［M］．北京：电子工业出版社，2005.

［152］J. Vesanto，E. A. Clustering of the Self – organizing Map［J］．IEEE Transactions on Neural Networks，2000，11（3）：586 – 600.

［153］薛福亮，张慧颖．一种基于径向基函数与模糊自适应共振的电子商务推荐算法［J］．计算机应用研究，2012，29（4）：1364 – 1366.

［154］史峰，王小川，郁磊，等．Matlab 神经网络 30 个案例分析［M］．北京：北京航空航天大学出版社，2010.

［155］邵超，黄厚宽．一种新的基于 SOM 的数据可视化算法［J］．计算机研究与发展，2006，43（3）．

［156］刘俊，商秀琴，卢建刚，等．采用中心聚类与 PSO 的 RBF 网络设计方法［J］．计算机工程与应用，2009，45（36）：212 – 214.

［157］KOKSHENEV，B. A multi – objective approach to RBF network learning［C］．In In：Proc. of Eurpopean Symposium on Artificial Neural Networks 2007，pp. 1203 – 1209.

［158］蒋宗礼．人工神经网络导论［M］．北京：高等教育出版社，2001.

［159］王洪元，史国栋．人工神经网络技术及其应用［M］．北京：中国石化出版社，2003.

［160］Casasent D，C. X. W. Radial basis function neural networks for nonlinear Fisher discrimination and Neyman – Pearson classification［J］．Neural Networks，2003，16（5）：529 – 535.

［161］何玉彬，李新忠．人工神经网络原理及仿真实例［M］．北京：高等教育出版社，2000.

［162］丛爽．面向 MATLAB 工具箱的神经网络理论与应用［M］．合肥：中国科学技术大学出版社，2009.

［163］HOFFMANN M，V L. Free – form surfaces for scattered data by neural networks［J］．Journal for Geometry Graphics，1998，2（1）：1 – 6.

[164] YAN W, C C. A radial basis function neural network multicultural factors evaluation engine for product concept development [J]. Expert Systems with Applications, 2001, 18 (5): 219 - 232.

[165] 林嘉宇，刘莹. RBF 神经网络的梯度下降训练方法中的学习步长优化 [J]. 信号处理，2002，18 (1): 43 - 48.

[166] 魏海坤，等. RBF 学习的进化优选算法 [J]. 控制理论与应用，2000，17 (4): 604 - 608.

[167] 朱明星，张德龙. RBF 网络基函数中心选取算法的研究 [J]. 安徽大学学报：自然科学版，2000，24 (1): 72 - 78.

[168] J K KIM, H A. A recommender system using GA K - means clustering in an online shopping market [J]. Expert Systems with Applications, 2008, 34 (2): 1200.

[169] 乔丽，姜慧霖. 一种 k - means 聚类的案例检索算法 [J]. 计算机工程与应用，2011，47 (4): 185 - 187.

[170] Kanungo T, M D M, et al. An efficient k - means clustering algorithm: Analysis and implementation [J]. IEEE Transactions on Pattern Analysis and Machine Intelligence, 2002, 27 (7): 881 - 892.

[171] R J KUO, J L L, C TU. Integration of ART2 neural network and genetic k - means algorithm for analyzing web browsing paths in electronic commerce [J]. Decision Support Systems, 2005, 40: 355 - 374.

[172] SRIKANT R, A R. Mining Generalized Association Rules [C]. Paper presented at: In Proc. of 21th international conf on Very Large Data bases. (Zurich, Switzerland: Morgan Kaufmann), 1995.

[173] SRIKANT R, A R. Mining Quantitative Association Rules in Large Relational Table. Paper presented at: In Proc of the 1996 ACM SIGMOD International Conf on Management of Data. (Montreal, Quebec, Canada, ACM Press), 1996.

[174] 谢芳，王波. 基于关联规则个性化推荐的改进算法 [J].

计算机应用，2006，26：149 - 151.

［175］余力，刘鲁．电子商务个性化推荐研究［J］．计算机集成制造系统，2004，10（10）：1306 - 1313.

［176］张新颜．集合多标签文本分类研究［D］．阜新：辽宁工程技术大学，2011.

［177］VICTORIA J H，J A. An evaluation of standard retrieval algorithms and a binary neural approach［J］. Neural Networks，2001，14：287 - 303.

［178］J S BREESE，D H，C KADIE. Empirical analysis of predictive algorithms for collaborative filtering［R］（Microsoft Research），1998.

［179］A M RASHID，S K L，G KARYPIS，et al. Clust KNN：a highly scalable hybrid model - & memory - based CF algorithm［C］. Paper presented at：In：Proceedings of the WebKDD 2006：KDD Workshop on Web Mining and Web Usage Analysis，in conjunction with the 12th ACM SIGKDD International Conference on Knowledge Discovery and Data Mining（KDD），2006.

［180］B M SARWAR，G K，J KONSTAN，et al. Recommender systems for large - scale e - commerce：scalable neighborhood formation using clustering［C］. Paper presented at：In：Proceedings of the 5th International Conference on Computer and Information Technology，2002.

［181］许守任，杨颖．制造柔性理论与实证研究综述［J］．科技管理研究，2006，7：115 - 117.

［182］R BEACH，A P M. A review of manufacturing flexibility［J］. European Journal of Operational Research，2000，122：41 - 57.

［183］DERROCK E D SOUZA，F P W S. Toward a taxonomy of manufacturing flexibility dimensions［J］. Journal of Operations Management，2000，18：577 - 593.

［184］朱春燕．基于信息技术的企业组织柔性研究［D］．武汉：武汉理工大学，2005.

[185] 曹军威，范玉顺．柔性软件系统的概念、方法与实践［J］．计算机科学，1999，26（2）：74－77.

[186] 李安波，黄家柱，毕硕本，等．柔性软件系统研究与应用［J］．计算机应用研究，2005，22（1）：140－143.

[187] 马辉民，周凤林．电子商务下的柔性推荐系统［J］．武汉理工大学学报：信息与管理工程版，2007，29（2）：119－122.

后　记

回顾10余年的教学，科研生涯，有欢笑有泪水。谨以此书作为我教学、科研工作的一个阶段性的总结。

首先，感谢我的导师张慧颖教授，张教授不仅是我学术上的导师，更是我工作、生活，甚至心灵上的导师。张教授谆谆教诲我做人做事，信义为先，一次次难忘的长谈学生永远铭记在心。无法忘记张教授一次次细心指导我的学术研究，更无法忘记张教授一次次与我谈心指导我生活中以及工作中的迷茫，正是张教授的严格要求和悉心指导，才使我能做出一点属于自己的成绩。也正是在张教授的大力支持下，我才能拥有一个良好的心境顺利完成博士学业，进而在博士论文基础上完成了本书的撰写。谨此，向张教授表示深深的感谢和敬意。

感谢天津大学管理学院其他教授对本书提出了许多中肯和关键的意见。感谢我的同学戴万亮、吴红翠、陈丽然、王辉、许可，大家一起学习和工作的日子将成为人生中美好的回忆。特别感谢加州大学富乐敦分校的张怡（Jenny Zhang）教授，美国访学期间举目无亲，是她给予我生活与学习中的无私的帮助，在与她的讨论中拓宽了思路，开阔了视野，在此表示诚挚的感谢。

感谢我的父母、妻女，正是他们的全力支持才能让我顺利完成本书，他们的关怀和期望是我不断前进的动力。

感谢所有关心和帮助过我的人们。

作　者

2014 年 6 月